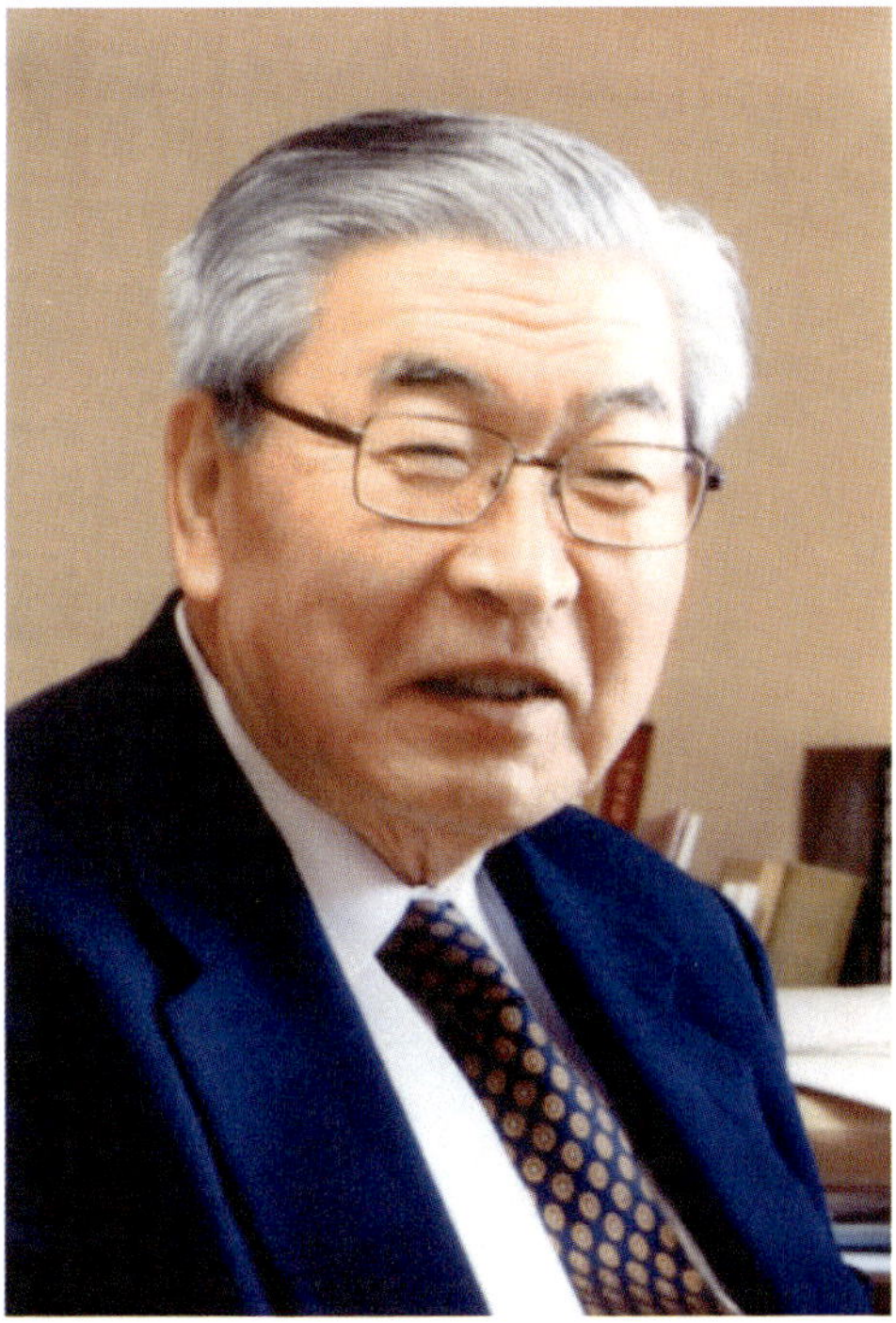

金森順次郎　第 13 代総長

16 歳の頃（昭和 21 年 4 月 21 日）

研究室にて（昭和 45 年 12 月）

忘年会にて（昭和 45 年 12 月）

自宅にて（昭和 47 年頃。長男嘉夫氏(右)、次男健之氏(左)と）

金森順次郎　第十三代大阪大学総長回顧録

大阪大学アーカイブズ編

大阪大学出版会

序　文

金森先生にお会いしたのは、私が大阪大学に入学し、先生から初めて物理学の手ほどきをうけたときである。先生はその当時まだ三十七歳の若い教授でありながら、すでに巨樹のような存在感と、先鋭的でしかも明快な物理をお持ちであった。

先生の物理学における業績をあげると数限りがない。特に有名なものとして電子相関の仕事や磁気的相互作用に関する金森則、磁気異方性、協力的ヤン・テラー効果、金属合金の磁性理論、幾何学的不等式の方法などがあるが、いずれもその時代の物性物理学に大きな転機のきっかけを与える仕事であった。

先生は学者である一方、大学運営や様々な行政でもリーダーとしてたぐいまれな力を発揮され、あたかもそれを楽しんでいるかのように、多くの仕事を同時に平行して易々とこなしていかれた。実際には大変なご苦労をなされていたのであろう。特に、大阪大学学生部長や理学部長、総長をされたころからの多忙さは想像すらできないものであったことと思う。先生はそのような多忙さの中で、ほんのひととき物理の世界にもどれることがあると、それを無上のよろこびとし、そこで水を得た魚のように溌剌として力を蓄え、次の困難な仕事へと向かっていかれたのだろう。

一方、このような仕事を離れたご趣味も多く、特に園芸に情熱を燃やされていたことは、親しい人たちの間では大変有名であった。先生は、次に仕事を選ぶとしたら園芸家だと仰っていたくらいである。

そのような先生であったが、やはり先生は物理の人であった。物理をやり、物理の中に生き、そして新しい物理を育てることを使命と感じ、それを喜びとしてこられた。

本書は、先生の書かれた、物理学に関するもの、自伝的なもの、大学運営にかかわる思い出等をふくみ、様々な角度から先生の姿を映しだす記録であるとともに、そこから先生の学問に対する情熱と天才をうかがい知ることのできる資料でもある。本書が先生の感性を世の中に伝え、それを最上の教えの一つとして受け継いでいくための一助となることを願っている。

大阪大学名誉教授
赤井久純

目次

第一章　新・未知への群像

1　恵まれた環境と垣間見た世間

父の追憶

私が二十四歳のときに亡くなった父乾次の追憶から話を始めさせていただく。

父は、東大工学部応用化学科を卒業して、後に住友化学の一部になった日本染料で十年近く技師として務めた。折にふれて聞かされたアニリン染料工場での中毒や爆発の話から、製造現場での父の勇姿を想像した思い出がある。父は私が生まれた頃に結核に罹り、まもなく会社を辞して療養生活に入った。

祖父金森又一郎は、学歴は小学校中退であったが、今の近畿日本鉄道の前身である大阪電気軌道（大軌）が創立されたとき支配人となり、結局四代目の社長まで務めた人である。祖父が亡くなる二年前の昭和十年に、父は大軌からの懇請（これは多くの人からそのように聞かされた）で総務部長として畑違いの電鉄に入社した。同僚の近鉄会長故三好万次氏は追悼文で、父は「経営の規模が急激に膨張した後であって、事務機構を再編整備しなければならぬ時機に来ていた会社の実情をすぐに看破」して、「着々と内部の刷新を断行」したと書いてくださった。現職の重役の子弟は社員に採用しないという方針を決めたそうで、重役だったある人から「お前の親父は人情を解しない」と言われたことがある。事実私の兄は現在近鉄に在職しているが、父の死後に阪急から移った。

後半生は結核と闘いながら電鉄の仕事に取り組んでいた父であったが、自然科学への興味はもち続けていて、湯川秀樹先生が戦前に書かれた原子核物理学の本などを買い込んでいた。私にとっては、父が若い頃購読していた「科学画報」という雑誌のバックナンバーが宝の山で、幼年期から小学校時代まで、訳がわからないままページをめくっていた。

嵐の前の平穏な日々

昭和十一年大阪府立天王寺師範学校附属小学校に入学した。小学校時代は戦争の影が年々色濃くなったとはいえ、光に包まれた平穏な時期として思い起こされる。男女それぞれ四十名の二クラスだけで、同級生には、東洋紡社長の柴田稔君、現代彫刻家の保田春彦君、成城大学学長南博方君、京大ヒマラヤ登山隊長を務めた故樋口明生君、一年余りだけ在学した地球物理の上田誠也君などがいる。大学教授七人を数える仲間であるが、今も職業の別なく親しく付き合っている。離島の学校教師の経験がある保田君に言わせると、恵まれた温室で育った日々で、いじめもなく楽しく日々を送った思い出しかない。

私は入学する数カ月前から悪性の中耳炎に罹り、学校に本格的に通い出したのは五月になってからであった。その上、二年生の終わりにかなり強度の近眼であることがわかって、両親はとにかく健康が第一で勉強は二の次という態度であった。しかし、子供向きの本も大人の本も手当たり次第に乱読して、目が悪くなると叱られる日々だった。体育、音楽は苦手だが、その他の学科ではかなり早熟な子供で、一方規律を守るのは不得意という、軍国少年がもてはやされた当時の時流には合っていなかった。その意味でも、附属小学校は大変暮らし易い環境であったといえる。

担任の平子鼎先生は三十代のお元気な方で、歴史がお得意だったが、昭和十年代にしては神懸りな授業でなく伸び伸びと育ててくださった。あるとき、幕末の歴史についてクラスを開国派と攘夷派に分けて討論させようと思い立たれたが、全員開国派を希望したので断念されたこともあった。ただ算数はお得意ではなく、私が新しい解法を提案してもまともには取り上げてもらえなかった。

勤労動員

昭和十七年、口頭試問と体育テストだけというので少し心配したが、当時でも進学校であった大阪府立天王寺中学校に無事合格した。全体としてはかなりリベラルな雰囲気だったが、のんびりした環境で育ったためか、十七人いた小学校の同窓生は、陸軍将校上がりの教練の教師からは睨まれることが多かった。終戦後、勤労動員から帰って来た最初の学期で教練が無くなったために、三百人の学年で私が一番、柴田君が三番と成績が急に浮上したのは愉快だった。

二年生の頃から貯水池堀り等の勤労動員で授業が少なくなり、三年生の秋から一年間は完全に学校を離れて、大阪駅北側の梅田操車場の一廓にある国鉄（当時は鉄道省）梅田機関区で働くことになった。十人だけのチームで先生の付き添いも無く、全く鉄道の組織に組み込まれて、主に石炭を貨車から貯蔵設備に降ろす仕事に従事した。

機関区という職場は機関士という騎士《ママ》とその見習いの集団と機関車に石炭と水を補給する補助者からできていて、後年の大学と通じるところがあった。補助者の最下位に位置づけられ、部下扱いされたのでトラブルが絶えなかった。班長ということで末端管理職の苦労をしたが、意を決して、中学校に実情を訴えたところ、予期しない反乱に機関区長も慌てて、待遇が改まった。区長に言わせれば、「おだてれば働く」ことに気がついたが、我々にすれば仕事のスケジュールをある程度自主管理できるようになって、最後は表彰すると言わせるほどに働いた。

その副産物は体がすっかり逞しくなったことで、終戦後学校に帰って体育の時間に校庭の周囲を走るマラソンをしたところ、およそ不得意であった私がトップグループを走ったのには、先生も私も驚いた。空襲で度々生命の危険にさらされるなど愉快な思い出ではないが、社会の組織の実態、管理者の考え方などを垣間見ることができたのも貴重な体験であった。

2　鎖なき魂を目指して

お二人の数学の先生

中学校二年の半ば以後は、クラスによって勤労奉仕に出かける日がまちまちで、各先生がそれぞれ自分の担任のクラスに付き添って出かけるために、登校日でも休講が多かった。

奥島保三先生は、この空いた時間をできるだけ利用して数学を教えられた。当時中学校の数学は、微分、積分、三角法、順列・組み合わせなどを初めて大幅に取り入れた変革期であった。教科書は簡略で、定理の証明はヒントだけが記載されていることが多く、しかも三年生の分までしかなかった。

また、新しい数学の参考書は一、二出版されたようだが手に入らない状態で授業は大きな意味があった。次が三角法の正弦余弦の加法定理というところで、全面的な勤労動員になって「最後の授業」になってしまった。

もう一人の津田勇次先生は、手製のかなり厚手の問題集を作って配布されたが、これが私にとって先に進む唯一の道しるべになった。勤労動員中、まず幾何学的な方法での加法定理の証明を完成したときは嬉しかった。動員中、順列・組み合わせの本を手に入れて勉強し、終戦直後から津田先生の問題集に取り掛かってなんとか全問を解いた。このような勉強の仕方は、考える力を付けたことは事実であるが、反面何でも我流で考えて個々の問題にとらわれ易いという欠点を作ったように思われる。

津田先生は終戦後窓ガラスが無く吹きさらしの教室で微分積分を教えられたが、私はかなり理解していると気がつかれたらしく、教室では一切私には構われなかった。たまたま風邪で四年生の最終試験を受験できなかったとき、それでも百点をいただいたのには驚いた。

お二人の数学の先生は戦争中もひたすら数学教育だけに情熱を込められ、戦後に一部の先生のような手のひらをかえしたように民主主義への転向を表明される必要もなかった。私はこのお二人をその当時から心から尊敬していた。同時に数学という嘘のない学問をされたことも先生方が立派である理由の一つだと思うようになり、科学を志す動機の一つとなった。

旧制高校入学

昭和二十一年三月旧制大阪高等学校を受験した。中学四年修了で一応受験資格はあったが前年十月から授業が再開されたばかりで全く自信はなかった。

二日間にわたる漢文から生物まで歴史地理を除く全科目の試験で、とくに中学のとき先生が応召のためほとんど授業のなかった生物などは全く勉強した覚えがなかった。問題は「蛙の一生を書け」で、入学後に卵の細胞分裂から始めるのが正解と知ったが、全然知らないことであった。

国語、数学、英語がまあまあという感じで無事一次試験に合格し、続いて簡単な面接試験の後直ちに合格発表の予定が、軍関係の入学者を制限すべしというアメリカ軍の命令で七月まで待たされた。入学直後の九月に、伝染病のしょう紅熱に罹り、重症の急性腎炎を併発して翌年六月まで休学したのは、後から考えると前年からの目まぐるしい変化にゆとりをもたらした天の配剤であった。実質二年間の養生で慢性腎炎にならずに完治したのも幸運である。

高校は小学校以来初めて教科書も参考書もある授業を受けた感じでどの科目も面白く勉強した。ただ、新制大学への切り替えに備えた人事異動の影響で、カリキュラムは変則なところもあった印象がある。我々理科の学生が、石井孝先生（後に東北大教授）の唯物史観に基礎をおいた日本史の講義を古代から現代まで三年間受ける一方、東洋史も西洋史も授業がなかったのもそのためであろう。先生の講義は人名がほとんど出ない、独自のお考えがふんだんに盛り込まれた迫力のある内容で、なるほどこのようにも考えられるのかという意味では興味深かったが、断定的すぎるので信じる気にはなれなかった。

雑多な知識獲得

三年間の旧制高校生活では、戦前の教養入門書であった出隆氏の「哲学以前」記載の必読書に、唯物弁証法関係と自然科学、数学の書物、後で触れる英語の小説を加えて、ひたすら雑多な知識を積んだ。

出氏自身がマルクス主義に転向されるなど、思想上もまた生活上でも激動の時代で、旧制高校教育礼賛者のように筋の通った教養を獲得した感じはしない。ただ、戦争時代の経験から、狂信的な要素を感じさせるものへの反感が身についてしまっていた。

エミリー・ブロンテが何事にもとらわれないでいたいと自分の信条を謳った詩の一節の勝手な訳であるが、「生きるも死ぬも鎖なき魂を」を座右の銘にしていた。日本語だけでは信用ができないので、英語の文章を読む力を身につけないといけないと考え、辞書を引き引き小説を読むのを日課にした。

父に相談したところ、ロシア小説の英語の翻訳と女流小説家の文章が易しいと教えられて、ドストエフスキーの『罪と罰』、ブロンテ姉妹、ジェーン・オースティンの小説等から始めた。これで英語のボキャブラリーだけは豊富になったが、英文法をまともに習ったことがないという引け目は長く残った。一方、アメリカの家庭雑誌を読んで生活の豊かさに仰天した記憶がある。

また、健康が回復してから大学時代にかけてであるが、三高、京大に在学した小学校の同級生故樋口明生君（後に愛媛大工学部教授、ヒマラヤ登山家）が度々京都の古寺庭園に連れて行ってくれて、日本の伝統美術にも目が開いた思い出もある。

3　進路の選択

阪大理学部物理学科入学

現在高校での物理離れが深刻な問題となっている。その理由は、元来自然科学の勉強は未知の世界への探求心が原動力であるが、物理の授業の難しさはやたらと法則を押し付ける印象を与えがちなことであろう。

実は私も旧制高校では、数学と化学に比べて古典物理が主体の物理はあまり面白くなかった。それでも大学で物理を勉強しようと志したのは、原子の世界と量子力学へのあこがれからであった。古典物理は、後年研究者になってようやくその本当の意義が理解できたことを告白しておきたい。

大学の物理学科へ進学する決心をして、担任の竹林松二先生（有機化学がご専門で後に阪大教授）に相談に行ったところ、大阪大学理学部に行きなさいと勧められた。阪大理学部物理学科が日本の量子物理の中心であることやその他の分野でも時代の先端を行っているという先生の話を父に伝えたところ、直ちに賛成してくれた。そのとき、東大工学部在学中理学部の講義を聴きに行っていろいろなことが初めて理解できたことや、大学に残りたかったことを語ってくれた。また、商業学校へ行くのが出世の早道と考えられていた当時の大阪で、高校、大学へと進むことを祖父に認めてもらうために、総費用の見積りを提出したという思い出話には、我が家も世代ごとに進化するものだと心ひそかに思った。

物性理論研究を志すまで

当時の阪大理学部は創建当時全国から集まった方々がまだ多数残っておられ、阪大出身は伊藤順吉教授を除いてはまだ助教授までという時代であった。量子力学の勃興期に新しい学問を志された人たちであったから、古い大学の慣行にはとらわれない自由な雰囲気がみなぎっていた。個性的な講義が多く、それを頼りに勉強するというよりも先生方の研究への情熱を感得することに意義があったといえる。正規の教官の他に、近隣の大学、学校、会社に籍を置いているかなり多数の研究者が研究室に出入りし、ときには演習や実験等で学生の面倒を見ることもあった。

学部一、二年では、幾つかの決められたテーマの学生実験を順次行うことになっていたが、実験装置が壊れていたり、初めから存在しない場合もあって、テーマから外れて別の実験をすることも許された。二年生のとき田中靖郎君（後に宇宙科学研究所教授）とペアを組んで実験をしたが、学年途中で道島正美氏（当時ある会社に籍があった。後に神戸商船大教授）の指導のもとである実験を始めたところ、熱中してそのまま半年経ってしまった。それで学生実験の単位が認められるというおおらかな教育であった。

実験は、それぞれ蒸着で塗銀した平らな光学ガラスと試料結晶を重ねて、その間で起こる光の多重反射の干渉効果を利用して結晶表面のステップ等を今まで以上の精度で見る意図であったが、いろいろな障害があって思うようには進まなかった。旧制では三年になると、学生は各教授の研究室に配属されて、研究に参加することになっていた。

やりかけた実験を続けることも期待されていたらしいが、私は理論物理の勉強をしたいという気持ちが強かった。とくに現実の物質のバラエティを量子力学から解明するという物性理論に惹かれて、永宮健夫教授の研究室を志願することにした。お前は実験よりも計算をすることにすぐ熱を上げるから理論向きだという田中君のアドバイスが決心を固めた。

永宮先生

研究室に入れてくださいと教授室に行ったとき、永宮先生はまず就職の面倒は見ませんよと言われたが、これは覚悟の上であったので驚きはしなかった。当時応用物理関係の研究室でないと企業への就職は不可能であった。

さらに先生は、私は四月から文部省在外研究員として欧州に一年間行くから、卒業研究は芳田奎助教授（後に東大物性研究所教授）に見てもらいなさい、ただし芳田さんにとっては初めての卒業研究指導だが優れた研究者だから大丈夫ですと言われた。留守を狙ったわけではなかったのでこれには少し不安になったが、実際には芳田氏の懇切でおおらかな指導を受けられたのは幸運であった。

望月和子氏（後に阪大基礎工学部教授）、守谷亨氏（後に東大物性研究所教授）も同時に研究室に入り、ヴァン・ヴレック教授の磁性理論の教科書を輪読すると同時に、芳田氏から出された幾つかのテーマについて卒業研究を行った。その内の一つについては物理学会で発表することもできた。この一年間で永宮先生とそのグループの研究を実際に理解するようになり、選択が間違っていなかったと思うことができた。

永宮先生は現実の物質の性質について量子力学と統計力学に基づいた理論を建設し、実験事実と定量的に比較できる結果を導くという物性理論を我が国で確立された方である。戦時中に発表されたアンモニウムハロゲン化物の相転移の理論や戦後の遷移元素化合物の大部分を占める反強磁性体の電波共鳴吸収の一般理論は、日本の物性理論研究を世界に認めさせた大きな成果である。

また戦時中に岩波の「科学」に書かれた磁性体の研究についての優れたレビューは、我が国の磁性体研究を戦後に世界の第一線に復帰させる原動力となった。当時四十一歳で、万事に厳しい方であると留守中に聞かされていた。帰国された直後、研究室全員に一年間の研究成果の報告を求められた。噂に違わず先輩方の研究には非常に厳しい批評をされたが、我々の卒業研究には優しかったので少し意外であった。

4　研究スタイルの模索

理論研究の方向

大学卒業当時、日本の物性理論研究者の間では、物質を抽象化したモデルについて理論を作ることが第一で、実験事実との対応は二の次という空気が支配的であった。このような理論でも、新しい概念を作り出す成果を上げれば十分に意義があるが、中途半端でしかも計算がし易いように現実的でないモデルを選ぶことになれば本末転倒である。

これに対し永宮先生だけが例外的に実験事実を定量的に予言あるいは再現できる理論が本当の理論だと主張されていた。永宮研究室はもちろん先生の影響を強く受けていたが、元来個人プレイが基本である理論研究では、自分のスタイルを発見する必要があった。その模索の過程を振り返りたい。

鉄、コバルト、ニッケルなどの元素の原子は磁気モーメントをもっていて磁性原子と呼ばれる。磁性原子を含む固体では、隣り合う磁性原子の間で、モーメントの向きを平行に揃えるか、あるいは反平行にする力が働く。前者の場合、すべての磁性原子のモーメントが一定の方向に揃う強磁性状態が、後者の場合では、交互に逆向きの方向にモーメントが向いた反強磁性状態が最もエネルギーが低い。

永宮先生は私が卒業した一九五三年に英国のモット教授（ケンブリッジ大学、ノーベル賞受賞）から、国際的に権威のあったアドバンセスインフィジックス誌に反強磁性について総合報告を書くように依頼を受けられた。なお、二年後に永宮先生が芳田奎氏、久保亮五氏（東大理学部教授）と連名で発表された報告は、日本磁性研究の国際社会復帰を象徴する記念碑の一つとなったことを付記したい。

執筆に当たって、私は反強磁性物質の磁気的性質に関係した実験の論文を調べるように依頼され、数カ月間、日、英、独、仏の文献を一九一〇年代に溯って丹念に調べた。この調査で改めて物理学は物質のバラエティに正面から取り組まなくてはならないと思うようになった。

物理と化学の間

それまでに共著で幾つかの論文を書いていたが、自分の哲学に基づいた最初の仕事は、鉄とコバルトの一酸化物の磁性、結晶構造等を統一的に説明した理論であった。それまで、強磁性や反強磁性には電子のスピン（自転運動）に伴う磁気モーメントだけが寄与するとされていた。

私は上記の物質では電子の軌道運動に伴うモーメントが大きな役割を演じることを示し、磁性への寄与を定量的に明らかにするとともに磁気秩序が出現する温度以下で大きな結晶変形を引起することを明らかにした。後者の理論は巨大磁歪という新しい概念を与えた。

また、磁性原子の電子雲の形が磁気モーメントの方向によって変化するので、電気多重極相互作用がモーメントの安定な方向を決めることに寄与することを初めて指摘した理論でもある。食塩と同じ結晶型の一酸化物中の二価の鉄、コバルトイオンでは、電子の軌道状態に自由度が残ることを考慮した理論であったが、まるでジグソーパズルを解くようにいろいろな実験事実の関連を明らかにして行くことができた。

実は、この仕事を始める前に永宮先生から幾つかの研究課題が提案されたが、それを正面から断らないでとにかく自分の研究の結果を先に示して断念していただく作戦をとった。理論研究だからできたことではあるが、大変ありがたいことに永宮先生は研究室の誰より早く私の研究の価値を認めてくださった。とくに結晶変形の理論については、先生だけが最初から理解を示された。

一酸化物の研究の成功に味をしめて、化学の領域に立ち入って物質のバラエティを解明する、またそれから一般的な概念なり法則を抽出するという研究方向を研究室で主張したが賛成が得られなかった。ただし、永宮先生がご不在のときの話で、理解していただけるのは先生しかいないと思った次第である。

研究の発展

イオン結晶では陽イオンである磁性イオンは陰イオンに取り囲まれているので、隣の磁性イオンとは陰イオンを介して相互作用をもつ。この相互作用が強磁性的か、反強磁性的かという問題（符号の問題）は、様々な機構があるために、一義的には決まらないと考えられていた。

一酸化物の研究が一段落して、様々な磁性イオンの結晶中の電子状態を改めて考えると、相互作用の符号は提案されている様々な機構を考慮に入れても簡単に導くことができることを発見した。この結論は後にアンダーソン氏（現プリンストン大学、ノーベル賞受賞者）が総合報告で、プレプリントの段階では、金森の規則として紹介した。出版されて見ると、それがグッドイナフ・金森の規則に変わっていた。

グッドイナフ氏（現テキサス大学）は幾つかの特定の化合物について同様な結論を先行して出していたが、私の理論のように一般的な内容ではなかった。グッドイナフ・金森の規則は以後磁性化合物の研究ではしばしば引用されている。

就職と学位

卒業後一年で、永宮先生の努力で教務職員に採用された。このポストに在職中に、一酸化物の研究が認められて、旧制では異例に早く卒業後四年で理学博士の学位を授与された。その直後に空席ができて助手になり、翌年講師に引き上げてもらった。

教務職員になった年に父が刀折れ矢尽きた形で結核闘病を終えた。とにもかくにも、月給がもらえるようになったのを見届けてくれたのがせめてもの慰めであった。

5　国際社会へ

国際社会とのふれあい

私が卒業した一九五三年、国際社会への復帰を記念して、理論物理学全般についての国際会議が日本学術会議主催で行われた。この会議以後、日本の研究者が米国に招かれることが多くなった。米国は国の方針として基礎科学に多大の予算を注ぎ込んでいた時代である。この流れの中で、永宮先生が熱心に売り込まれたお蔭で、私にも渡米のチャンスがめぐってきた。

シカゴ大学の金属研究所のスタウト教授は、遷移元素弗化物等の反強磁性体の単結晶を作成して精緻な実験を行い世界の注目を集めていた方である。固体中での原子磁気モーメントの振舞いは単結晶試料を用いないと原子の配列との関係がわからない。同教授から、一、二年間滞在するようにという手紙が届いたのは一九五七年であった。

先方のお金より自前の方が気楽だと思い、フルブライト奨学金の研究者部門を受験したところ、二十七歳の若さが幸いしたのか、無事合格した。スタウト教授に月三百ドルの奨学金であることを知らせたところ、こちらでは当初月五百ドルのポストを用意できたから奨学金は辞退しなさいという返事が来て驚いた。

結局フルブライトには旅費だけ負担してもらって、一九五八年八月氷川丸で渡米した。船酔いを全くしなかったので、フルコースを毎食楽しむ二週間であった。ただ、これからの生活への不安が大きかったが、同じ金属研究所に同様のポストで招かれた永沢満氏（高分子化学、名古屋大教授）が仲間におられたのは心強かった。

アメリカ生活のスタート

西洋便器の使い方も定かでなかった私にとっては、最初はアメリカ生活への適応に忙しい日々であった。スタウト教授の配慮で、外国人とアメリカ人が半々のインターナショナルハウスに滞在して、いろいろな知識を蓄積して行った。

英会話の上達が最大の問題であったが、とにかく英語漬けになることだと考えてラジオを聴き、新聞雑誌を懸命に読んだ。

英語といえば、渡米前は永宮先生に論文原稿の英語の添削で随分お世話を掛けた。最初は文法の誤りが山のようにあったが、幾つかの論文を書いているうちに、先生は発想法が違うことを気にされるようになった。あるとき私の原稿をアメリカ人に見せられたところ、これでわかるという返事であったからもう直さないと言われた。

後年後輩の人の論文を添削するとき、永宮先生のご配慮をいつも思い出して、個性を尊重するように努めた。

余談のついでであるが、シカゴ時代企業関係の日本人来訪者も頼まれて案内することがよくあったが、英語ができない人が決まって自分は旧制高校で勉強したから読む方は得意だが、会話が苦手でと言われるのには辟易した。実際はボキャブラリからして不足していた人が大半である。

同じ研究所の研究員仲間であるイギリス人およびオックスフォード出身の中国人と親しくなり、毎晩のように食事をともにしているうちに何とか会話をこなせるようになった。

また、後述の招待講演がきっかけとなって、ベルリッツの語学学校の個人教授を受けた。先生は英語の発声法を勉強した弁護士志望の大学院生であったが、お前は正しい発音というよりもアメリカ人に通じる発音を練習しなさいという非常に適切な授業をしてくれた。その上、結局は教養であって発音ではないと意見が一致して、知的格闘を兼ねた授業となり大変勉強になった。

結晶の自発変形

金属研究所は物理、化学、金属学分野の人が交じっていて、日本のようなディシプリン間の壁がなかった。スタウト教授は元来化学者で、学部教育では化学教室に属しているが、研究面では物理研究者との関係が深いという方である。この環境では従来からの線に沿った研究を続けることに何の障害もなかった。

教授からは大学院学生の相談相手をしてくれれば、後は何を研究するのもお前の自由だと言われ、助教授なみの個室をもらってまことに恵まれた研究生活を送った。

以前に研究した巨大磁歪は磁気的な相転移に伴って起こるが、これとは違って磁気的性質の変化とは無関係に起こる磁性化合物の結晶変形に興味をもって、その機構を研究テーマに選んだ。

このような変形は巨大磁歪と同じように、磁性原子の電子雲の形に自由度が残る場合に見られる。少数の原子で構成される分子では、ヤーン・テラー効果として知られている歪みの機構が知られていた。

結晶の場合、個々の磁性原子の周囲にこのような歪みがあっても、結晶全体の歪みが起こるとは限らない。結晶変形の本質は磁性原子の周囲の局所的な歪みの間の相互作用であるように見えるが、実際には、一つの陰イオンを挟んで磁性原子が隣り合うのが普通の化合物では、局所的な歪みと全体の歪みを区別することは簡単でない。このような事情を踏まえた理論は存在しなかったので、その建設に熱中した。

たまたま当時毎年開かれる唯一の国際的な会議であった磁性および磁性材料の会議で招待講演を行う機会を与えられて、特別セッションでヘリング、キッテル、マチアス、ネールという著名な研究者に並んでその成果を発表できたのは幸運であった。

なお、十倉好記氏（東大工学部教授）のグループがそのような結晶変形を起こすマンガン酸化物について近年目覚しい業績を上げられたお蔭で、当時の論文が最近引用されることが多くなった。

6　大学教員生活事始め

帰国前後

当時は、一九五七年超伝導のＢＣＳ理論（バーディーン、クーパー、シュリーファーの頭文字をとった文字通り物性理論の金字塔で後年ノーベル賞の対象となった）が発表されてようやくその評価が確立された時期であった。これで学位をとったシュリーファーが一九五八年から五九年にかけて金属研究所に助教授として滞在した。

また、同じ建物の原子核研究所（フェルミ研究所）には南部陽一郎氏がスタッフとしておられ、シュリーファーとBCS理論の再構成を議論されていたが翌年には素粒子論に超伝導状態の概念を導入された有名なお仕事をされた。お二人とは親しく言葉を交わすようになり、また超伝導の理論の勉強もしたが、このような環境をもっと積極的には利用しなかったのは、今から思えば悔やまれることである。ただ、帰国後行った金属強磁性の研究の素地はこの頃培われた。

二年目になって各地の研究所や大学を訪問したが何処でも大変暖かく迎えてくれた。スタウト教授は、アメリカに残る気があるなら職はすぐに見つかると言ってくださったが、永宮研究室に帰るべきだと考えた。

一九六〇年は安保騒動の年である。アメリカの新聞は革命前夜のように伝えたが、七月末に帰ってみると全く収まっていた。

大学教員生活のスタート

帰国してみると、新制の大学院が軌道に乗っていて研究室が学生で賑やかになっていた。前年に助教授の芳田奎氏が東大物性研究所教授に栄転され、後任に中村伝氏（後に阪大基礎工学部教授）が着任されていた。永宮先生と二人で手分けして院生の指導に当たることになった。

また、私は、当時アメリカで磁性学の総括を意図して刊行された総合報告集「マグネティズム」（全四巻）の第一巻に、「強磁性体および反強磁性体の磁気異方性と磁歪」の執筆を頼まれ、初めての英文総合報告執筆にも取り組んだ。

私生活では、渡米前に見合をした妻幸子との縁談が復活して、一九六一年に結婚した。幸子の父は、船舶姿勢の自動制御装置の発明で名を残している久野五十男で当時三菱重工業の技師長であった。機械工学専攻の義父は理論物理研究者を女婿とすることに大分躊躇したらしいが、当時から卓越した実験研究者であった私の大学同級生平尾泰男君（後に東大原子核研究所教授、放射線総合医学研究所長）が仲介に入ってくれて話がまとまった。

電子相関の研究

このような生活の変化の間にも、いろいろな問題を取り上げて論文を幾つか書いたが、金属磁性の研究に入って行ったことがそれから後の生活に大きな影響を与えることになった。

元素単体で強磁性となるのは、希土類金属を除くと、鉄、コバルト、ニッケルの三つの金属だけである。これらだけが強磁性になる機構は当時の大きな問題の一つであった。一九三〇年代にスレーターが書いたニッケルについての論文は、金属の強磁性を初めて定量的に議論した研究として有名であったが、電子間の相互作用の評価で致命的な誤りを冒していた。それを正して彼の理論を適用すると、パラジウムやプラチナその他類似の金属は皆強磁性になるという困った結論が出てしまう。

一九六二年私は、電子が運動するとき電子間の反撥的な相互作用のためにお互いに避け合うこと（物理の言葉では電子運動の相関）を考慮する新しい理論を考えついて、その理論ではニッケルが強磁性になり、パラジウムやプラチナが強磁性にならないことが無理なく説明できることを示した。

論文が出版されたのは一九六三年であるが、大きな反響を生んだ。その一つがフランスのパリ大学から届いた一年間客員教授として来ないかという招聘状であった。

教室改革

一九六二年から一九六三年にかけて半年ほど、永宮先生以下研究室のスタッフ五人のうち三人が米国に出張され、留守を私と立木昌氏（当時助手、後に東北大金属材料研究所教授）が預かることになった。

一時は講義を五つ、大学院四、五人の研究指導、配属された学部学生の指導と忙しいことになったが、研究が次々と実を結んで、家内に言わせるとよくいえば意気盛ん、悪くいえば手がつけられないほど生意気になっていた私にとっては、お山の大将僕一人という気分であった。

その間に、ある人事問題に絡んで、物理学科の運営の制度改革に深く関わることになった。

それまでは、実際は教授である各研究室主任の会議が提案する人事案を、各研究室から規模に応じて選出された代議員が投票によって可否を決することになっていた。代議員は助手でも学生でもよいという戦後民主主義と講座制の奇妙な混合で、助教授・講師の役割が明らかでなく、業績の審査が行われることなしに形式的な投票で決まっていた。

たまたま研究室主任代理ということで主任会議にも参加して、これではいけないと思って改革を提案した。結局、教授、助教授、講師で構成する会議で業績を公開して審査する制度をつくることに成功した。助手や大学院学生が投票に参加できなくなるという不満と、一方教授がお手軽に人事を提案できなくなるという不満の両方を押さえつけてこの案を実現できたのは、もちろん私一人の力だけではない。

しかし、改革派のスポークスマンを務めて矢面に立った裏には、場合によっては何処の大学にでも出て行けるという自信が潜んでいた。この制度は後の大学紛争でも全く修正なしで守り抜くことができた。

7　教授就任へ

ヨーロッパ生活

パリ大学のフリーデル教授は簡明な理論で各種物質の性質の発現機構を解明された方である。とくに、合金成分の一方の濃度が非常に希薄になったいわゆる希薄合金についての仕事は、合金の性質を議論する第一歩として非常に重要である。

一九六三年に、同教授の研究グループの一員であるブランダン氏（後にパリ大学教授）が来日したが、彼の使命の一つは日本の磁性理論研究者を物色することであったらしい。彼の推薦で私に白羽の矢が立って、客員教授という好待遇で一年間招聘された。

永宮先生のご尽力で大学の許可も得られて、一九六四年正月早々フランスに旅立った。妻幸子は長男が幼かったので、九月頃遅れてパリに到着した。フランスでは見るもの触れるものすべてがアメリカと違って歴史を感じさせて、最初の数カ月は文化の探求に忙しく物理は程々という日々を過ごした。

いまでは幾つかの大学に分かれているが、当時のパリ大学はパリとその近郊にあるすべてのキャンパスの総称であって、フリーデル教授の研究室は、パリ南郊のオルセイにあった。モンパルナスのレーニンが通ったというカフェの近くのホテルに住み、電車で四十分ほどの時間をかけて通勤した。

自分の研究以外は、週一回の講義と大学院学生の話相手をしていたが、その中には今ではパリ南大学の教授になっているレドレール、コックブラン両氏がいた。ブランダン氏は、最初は講師（メートルド　コンフェランス、教授昇任が約束されている地位）に立候補中で選挙運動に忙しく、ひょっとしたら客員教授の私にも投票権があるかもしれないと言われたのには驚いたが、実際にはよくわからないままに選挙が済み、無事当選した。

当時のフランス文部省の事務は全く停滞していて、月給が正式に出たのは半年後でそれまでは研究室手持ちの現金を適当に引き出して生活していた。それでもお金は十分にあったので、休日には近郊からときにはスイス、イタリーにまで足を伸ばした。

皆がバカンスに出かける夏は、イギリス原子力研究所の固体物理部から招待を受けて、イギリスで過ごした。これはフランス語習得のためには大変マイナスになった。また、フリーデル教授はフランスでは数少ない国際派で、研究室でも講義でもすべて英語で通してくれた方が学生の教育によいという態度であったことも私のフランス語が進歩しなかった言い訳になる。

合金の研究

フリーデル教授が数年前出版された回想録で私のことに触れて、最初数カ月は沈黙していたが、奥さんがやって来てから急に元気になって、美しい論文を書いたと述べておられる。最初は観光に精を出したこともあるが、実はフリーデル教授とそのグループの研究をどのような方向で発展させることができるかを考えていた。

強磁性金属である鉄、コバルト、ニッケルは相互に任意の濃度で混じって合金を作るし、また、周期表で近い位置にあるマンガン、クロム等とも同様に合金を作る。そのとき強磁性の強さに相当する磁化がどのような機構で変化するかという問題は永らく磁性学で謎とされていた。

フリーデル教授はニッケルに少量の鉄、コバルト、クロム等を混ぜたときの変化の機構を天才的な洞察で説明されたが、他の場合には合金中の電子の状態を具体的に計算する必要があった。しかし詳細な計算は同教授の性にあまり合わなかったようで、手がつけられていなかった。

そこで、希薄合金について具体的な計算方法を提案し、前記のニッケル合金についての同教授の洞察が正しいことの証明を含めて強磁性合金の磁性を初めて定量的に論じた理論を展開した。

この合金の研究は日本に帰ってから、さらに大きく発展することになった。

教授就任

私がフランスに行く以前に、大阪大学では理学と工学の融合を目指した基礎工学部の設置が正田建次郎総長を中心に構想されていた。永宮先生は材料工学科（後の物性物理工学科）に中心人物として参加されることになり、理学部の教授ポストの後任が問題となっていた。

フランス滞在が終わりに近くなったころ、永宮先生、フリーデル教授両方と親しいケンブリッジ大学のモット教授が日本の研究者を招聘したいと希望されて、私が候補になった。これには少し心が動いたが、永宮先生から自分の後任に推薦したいから帰って来るようにという手紙が届いた。

正直なところ私を助教授にするのは当然のことと思っていたが、一足飛びに教授に昇任して、しかも研究室のメンバーは一人を除いて全部基礎工学部へ移るので、自分の好きなようにグループを構成できるというのはまたとないチャンスと感じた。

たまたま、アメリカの磁性関係の会議から講演を依頼されたので、アメリカ経由で十二月初めに帰国した。実は出張期限が十二月末までであったことを失念していたので、事務の人には後始末で大変迷惑をかけたのも思い出の一つである。

もちろん、永宮先生の推薦だけで教授選考が進むわけではなく、かなり議論があったらしいが、翌年（一九六五年）三月には人事が内定し五月に発令という運びになった。

フランスに行く前に教室改革で教授たちにも教授の責務を説いたり、また永宮先生の留守中は教授室を自分の部屋にして大きな顔をしていたり、今から思えば若気の至りの振る舞いが多かった。当時の教授の方々の心の寛さには改めて敬意を表したい。

8　理論研究室の運営

研究グループの結成

理論研究は個人プレイが原則であるから、当時決して希ではなかった「部下を作る」意識をもたずに、優秀な方を全国的視野で選んで研究グループを構成することにした。幸い素粒子理論の内山龍雄教授などの積極的な支持があって、普通の講座より多い助教授または講師二名と助手二名のスタッフを認められた。

お名前だけ記すと、助教授または講師に、立木昌氏（後に東北大教授）、三輪浩氏（信州大教授）、鈴木勝久氏（東京科学技術大教授）、小谷章雄氏（物性研究所教授）、城健男氏（広島大教授）、阿久津泰弘氏（阪大教授）、助手に利根川孝氏（神戸大教授）、斯波弘行氏（物性研究所教授を経て東工大教授）、寺倉清之氏（物性研究所教授を経て通産省工業技術院首席研究官）、城健男氏、五十嵐潤一氏（群馬大教授）、菊池誠氏（阪大助教授）が私の二十六年間の教授生活で順次在職された。

いずれも独自の研究分野を開拓されると同時に、院生・学部学生の指導に当たられた。院生については、特定の人の指導を受けるが、私を含めてスタッフの誰とでも相談できることとした。指導に当たっては、個性的な仕事ができるテーマを与えるとともに、オリジナルな研究とは何かという美学を私が身をもって示すことが大切であると考えた。

このような原則のもとでも協力関係は自然に形成され、一方研究室全体に伸び伸びとした雰囲気を作ることができたように思われる。

結果として、ほとんどオーバードクターを作らず、また在籍した職員・院生から現時点までで二十二人の教授が生まれたことは、物性理論の研究室としてはまずまずであった。

格子ガス模型の研究

教授就任の前後に、ある絶縁物磁性体で単結晶の特定の方向に低温で磁場を掛け、磁場の強さを順次増加させると、磁場方向に平行な磁気モーメント（正）をもつ磁性原子と反平行のモーメント（負）の磁性原子が、磁場が小さい間は正負同数、途中で三分の二が正、三分の一が負の配列が出現してしばらく続き、最後は全部正になることが発見された。

二種類の原子がある格子の上に配列する二元合金の最低エネルギーの配列を求める問題も数学的には同等で、幾つかの特定の濃度附近に規則的な配列が出現する場合がある。一方の原子だけに目をつけると、ガス粒子が特定の格子の格子点だけに位置を取る気体と考えられるので、一般には格子ガスの問題と呼ばれる。

粒子と粒子がある範囲の近接位置に来たとき、一般的には反発的な相互作用が働くとする。粒子の数がある限度を超すと、それでも近接位置を占めざるをえない。このときの配列は、近接対間の相互作用の競合で決まる。私は近接対の数と粒子の数の関係を支配する不等式が幾つか存在し、それらを用いて最小エネルギーの配列を決定する方法を発見した。

それによって、相互作用が最近接と次の近接位置で競合する場合について、いろいろな格子について基底状態を厳密に決定することができた。この研究は、とくに規則合金の問題に新風を吹き込んだ。

また、私は個々の場合に我武者羅に不等式を導いたが、後に院生の鏑木誠氏（神戸大教授）が不等式の導出方法を一般化する理論を提案し、共著で大変すっきりした論文を書くことができた。

しかし、蜂の巣格子では二番目、他では三番目の近接対まで考慮するとこの方法でも適当な不等式が導けない場合がある。これらの場合や表面構造への応用について、私は後年研究を再開して現在まで続けている。

なお、我々の仕事を知らないで、近似的な方法で間違った結果を発表する論文がその後度々発表された。私としては意外性に満ちた研究で活動範囲を広げることができて愉快であった。

電子構造の研究

かなり多くの若い人を同時に指導するには、研究を幾つかの方向に発展させる必要がある。前記の研究もレパートリーを広げたが、元来フランスから持ち帰った金属合金の強磁性の問題が念頭を離れなかった。

その内容は、後に述べる鉄、コバルト、ニッケルなど周期表で近い位置にある遷移金属同士の高濃度合金の研究が一つの方向であったが、もう一つは遷移金属と全く電子状態が異なるアルミニウム、亜鉛、シリコンなどの典型元素と遷移金属との合金の研究であった。

後者の場合、とくにニッケルが母体のとき、典型元素原子の原子価電子がすべてニッケル原子に移動すると想像すれば辻褄が合う強磁性磁化の変化が見られる。

しかし、金属中でそのような移動は実際には起こるはずがない。一方鉄に混ぜると、大抵の典型元素原子は母体の鉄と無関係のように振る舞う。これも不思議である。

そこで、このような異種の原子が混じっているときの電子状態を計算する一般論を建設し、その上でニッケルの強磁性変化を定量的に説明するという計画をたて、当時基礎工学部の院生であった寺倉清之氏と共同研究を始めた。寺倉氏は具体的計算にのせる部分を、私は一般論を分担し、機構の考察は二人で考えることにした。

結果としては、一般論は後でもっと能率のよい方法に取って代わられたが、具体的な計算は初めて典型元素不純物の電子構造を明らかにした。

またその計算に基づく考察は、磁化の変化の謎を解決すると同時に、遷移金属系の電子構造において、反共鳴と呼ばれる一般概念が重要であることを明示した点で、少数ではあるが何人かの人から高い評価を得た。

9　大学紛争とその後

紛争と改革

大阪大学でも一九六八年頃から大学紛争が始まった。一番若手の教授であった私は、学部長、総長を補佐して熱に浮かされていた学生と渡り合ったが、今振り返っても紛争自体には何の意義も認められない。

ただ、思わぬ副産物が二つあった。一つは次節に述べるように一九七二年に私が学生部長に選出される原因を作ったことである。もう一つは、後年大いに役に立つことになった大学制度と改革についての勉強である。

紛争の最中に、場当たり的な大学改革の議論では駄目だと考えて、当時の岡田実総長に、目先のことにとらわれないで改革を研究する組織として改革準備調査委員会設置を提案したところ、安井琢磨氏（経済学部教授、文化勲章受賞者）その他数人の良識派長老教授の応援と総長の決断で実現の運びとなった。

永宮先生を委員長、私を副委員長として、各学部、教養部、研究所からの委員で構成されたこの委員会では、私の意図通り、学生の地位から研究、教育の体制、学術情報のための組織まで広範囲の問題について、二百回近い回数の会合を重ねて勉強することができた。とくに高田敏法学部教授（行政法）から、基礎的な事柄を学ぶことができたのは、またとない経験であった。

委員会は、教員組織を二重にし、研究のための組織と教育の組織を一致させない案を提案したが、後の筑波大学の構想と違って、研究組織と大学院の教員組織を一致させていたのが特徴である。

また一般教育と専門教育の融合と教養部解消の提案は、その後の教養部での改革への動きの底流を作ることになった。しかし、現行法令にはとらわれないことを前提とした案であったので直ちに実行は不可能な部分を含んでいたのと紛争後の改革気運の急速な消滅から、大部分の人の脳裏からは消えてしまった。

私自身は、後々まで学内改革の種々の提案に対する思考の原点として大切にした。

なお、物理の研究は続けたが、紛争が様々な悪い影響を与えたことは事実である。私は一九七一年カリフォルニア大学ロスアンゼルス校の招聘を受けて渡米し、七カ月の滞在中、それまで溜まっていた論文を幾つも書いて紛争による遅れをある程度取り戻した。

釜洞総長と学生部長就任

帰国して数カ月経った一九七二年の初め、当時の総長釜洞醇太郎氏から学生部長就任を要請された。

学生部は、課外活動援助、健康管理、その他正規の教育以外の面で学生生活のサービスを行うための組織であるが、紛争の際には、しばしば過激派の攻撃目標にされた。まだ紛争の余燼《よじん》が収まっていないという事情がなければ、四十一歳の私にお鉢が廻ってくることがなかったが、私としてはかなりの決心をして引き受けた。

任期一年の間にいろいろな事件があったが、当時鴻池新田にあった老朽化した学生寮を南千里に移転する話の目鼻をつけたことが一番勉強になった。

鴻池新田一帯は低地で毎年浸水騒ぎを繰り返していたが、適当な場所を世話して寮を移し、跡地にポンプ場を設置して洪水防止を行うという提案が、大阪府から大学側の寮生との話し合いの窓口である学生生活委員会に伝わり、寮の自治組織さえ同意すれば移転が始まるという印象を与えていた。

一方これは国有財産の処分事項であるから事務局を通じて文部省と協議して具体案を作る必要があったが、事務局には何も話が通じていないという状況で私が就任した。寮生と学生生活委員に行政の仕組みを説明し、一方具体案を予算案に盛り込むように事務局に努力してもらうという両面作戦が必要であった。

幸い、年の暮れの政府予算案で認められ、寮生の同意も取り付けるという結果で終わったが、事務局長から教授にしておくのは惜しいとあまり嬉しくない褒め言葉をもらった。

なお、総長退任後まもなく亡くなられた釜洞総長が、その他のことでも学内の雑音に耳を貸さず、終始私の独断専行でも快くバックアップしていただいたことは、いつまでも敬慕の念をもって思い出される。

平穏な生活への復帰

紛争以後、大学が完全に正常化するまでかなり長い年月を必要とした。

大阪大学の場合その主原因は寮を完全に私物化しようとする過激派学生であって、その問題は私の退任以後に顕在化した。寮費も電気水道代も支払わず不法占拠を続けた過激派は、一九八〇年代の初めに裁判所の仮処分で退去し、以後は完全に正常化した。

この解決は二代の総長、学生部長その他教職員の強固な意志の産物である。

しかし、この長引いた紛争の影響を受けたのは主として教養部で、その対策に教授の私は協力を続けたが、研究室の他のスタッフはあまり煩わされることはなかった。

その結果、学部と大学院は急速に平穏化し正常な研究生活が再開された。大学院学生も増えて、私も様々な問題を提案し、逆に大学院学生からも目を見張るようなすばらしいアイデアが生まれて、多くの成果が得られた。

次回に二つの例について述べるが、それ以外にも様々な思い出がある。

とくに寺岡義博氏（大阪府立大教授）との共同研究に端を発して、後に平井国友氏（奈良医大助教授）と行った研究は、遷移金属の磁性その他の担い手であるd電子状態について、原子軌道の形（角度依存性）がその特性を決定するのに大きい役割を演じていることを示し、アンダーソン模型と呼ばれるモデルの遷移金属での意味を明らかにした点で、概念形成上重要な寄与であると自負している。

10　研究の発展

スレーター・ポーリング曲線

鉄を代表とする二種類の遷移金属原子が無秩序に混ざっている強磁性合金の磁化を一原子当たりの平均電子数の関数として描いたのが、スレーター・ポーリング曲線群である（図参照）。この曲線群を生む機構は長い間謎となっていて、ある実験物理学者は理論家が役に立たない証拠であると講義で述べたことがある。無秩序合金の電子状態を求める基礎理論の建設には紆余曲折があるが、アメリカのソーヴェン氏がCPAと呼ばれる近似を提案した。

この論文を発表直後に読んで、私の希薄強磁性合金の理論と組み合わせると高濃度の強磁性合金を議論できることに気がついた。CPAの信頼性と強磁性状態への適用可能性が問題であったが、前者についてはアメリカでのその後の研究が、後者は希薄合金での経験から私自身が肯定的な答を出した。

具体的な計算は院生の長谷川秀夫氏（後に東京学芸大教授）が実行方法を創出し、その結果に基づく機構の考察は私と共同で行った。計算結果はスレーター・ポーリング曲線群の大体の様子をすべて再現することができた。

　また、中性子散乱の実験から、合金成分原子それぞれのもつ磁気モーメントの平均値が測定されていたが、その微妙な成分濃度依存性まで説明できたのは予想以上の収穫であった。

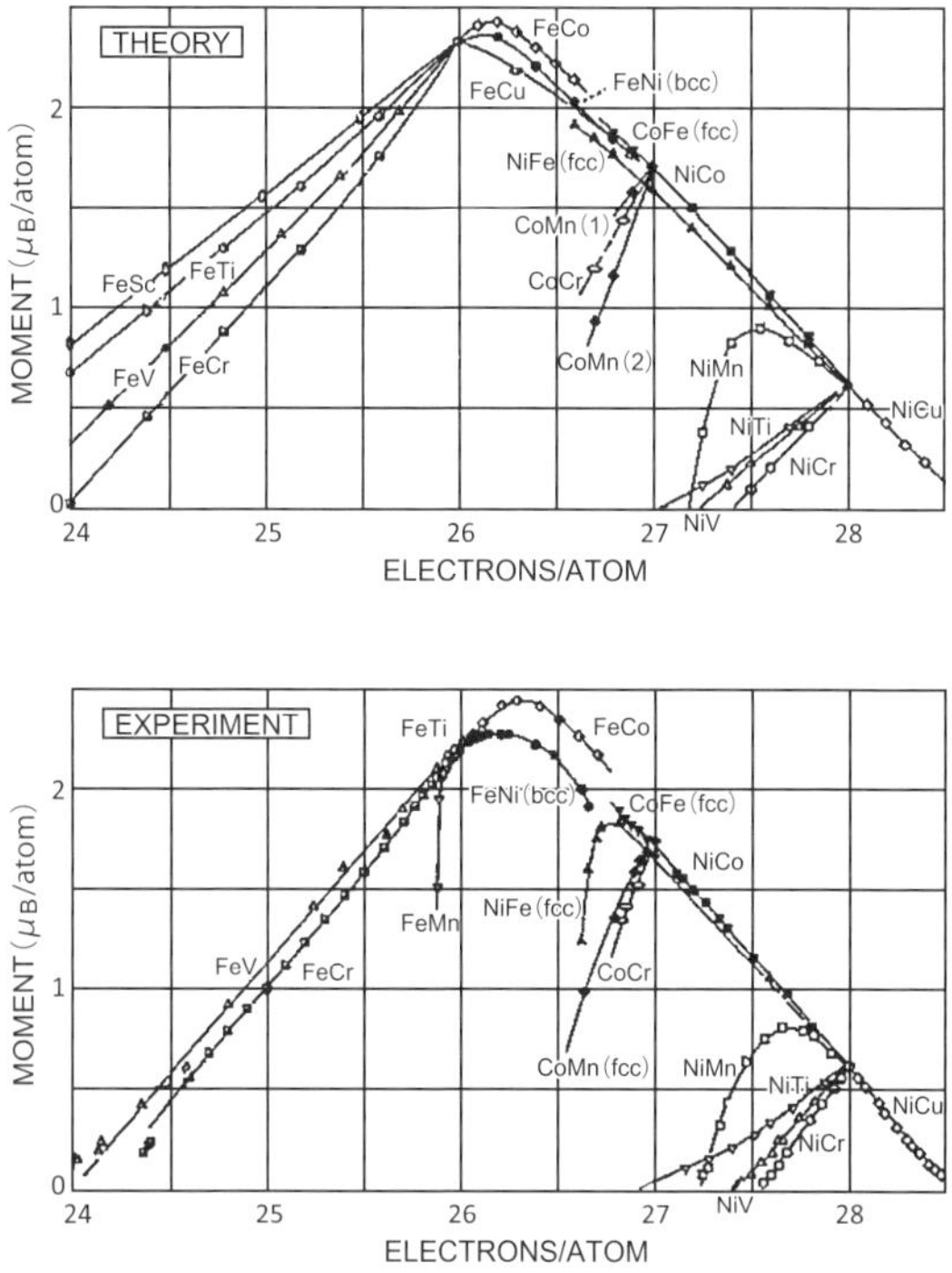

さらに低温での電子に由来する比熱の成分濃度依存性の原因もわかり、その測定を行ったベック教授（イリノイ大）からハートにジンとくる理論だと賞賛された。これで理論家の面目もある程度立ったことになる。

ただ、この計算は、簡略化された模型に基づいていて、ある程度実験データを模型のパラメータを決めるために用いている。

その後、ソーヴェン氏の理論を模型に頼らない計算に拡張する理論を当時助手の斯波氏が提案した。ただ実際に計算することは不可能であるというのが当時の印象であった。

一九七六年、当時院生であった赤井久純氏（現阪大教授）がそれを実行可能にする斬新な計算方法を考案した。

この時点では、電子間の相互作用のポテンシャルへの寄与は、なお経験的な方法で考慮せざるを得なかったが、赤井氏はその後改良を重ね、最終的に無秩序合金の電子状態を純粋に理論的に計算する方法を完成した。それに基づくスレーター・ポーリング曲線群の計算も一九九〇年代に完成している。

図の理論値はその結果である。実験と理論の一致は理論の定量的信頼性を確立したと言ってよい。

茅誠司先生と山路賞

一九七五年、遷移金属合金の磁性に関する研究について山路ふみ子自然科学奨学賞を受賞した。

私としては、一九六〇年代からの努力が認められたことも嬉しかったが、何よりも映画で活躍された山路さんが、畑違いの自然科学振興に対して私財を投じられたという、純粋なご熱意とご好意の結晶である賞をいただいたことに感激した。

選考委員長は磁性学の先達である茅誠司先生で、私の研究を非常に強く推薦していただいたことを後で知ったが、授賞式でも大変お褒めの言葉をいただいた。先生のご好意は薄々感じてはいたが、その理由の一端を知ったのは今年（編者注・一九九九年）になってからである。

茅先生が東大総長を退官されて以後、先生の名を冠した茅コンファレンスが毎年開催されているが、生誕百年に当たる昨年の会議の特別セッションで、伴野雄三氏（東大教授を経て上智大教授、最近急逝された）が、茅先生は一九四〇年代にニッケルの強磁性についてのスレーターの論文（第六回に紹介）を読まれて、電子間の相互作用の評価が間違っていることに気がつかれ、大変悩んでおられたという思い出話をされた。

その問題を解決したのが、一九六三年の私の仕事であったので、先生はその意義を誰よりも早く理解されていたに違いない。その後の合金の仕事も、大変興味をもって聞いていただいていたことも、今になって懐かしく思い出される。

物性と原子核

杉本健三氏（阪大教授、後に東大原子核研究所長）はユニークな研究で知られた優れた原子核研究者である。

若いときにサマリウム原子核が周囲の電子から受ける影響の特異な温度変化について書いた共著の論文は当時としては珍しい原子核と物性の共同作業で、お蔭で外国の研究者から金森はその後どうなったと質問されたとある原子核研究者から聞いたことがある。

杉本氏から典型元素の原子核を遷移金属に加速器で打ち込むと核スピンの磁気モーメントの方向をかなり長く保持できるということを聞いたことも、第八回に書いた典型元素と遷移金属の組み合わせを研究する動機の一つになった。

七〇年代後半に杉本氏等のニッケル中のボロン原子核についての研究が進んだので、各種元素の原子核が強磁性金属中で受ける内部磁場、緩和時間等を電子構造計算の応用の一つとして研究した。

これらの量は元素の原子番号の関数として周期表の一周期毎に規則正しい変化を繰り返す。これについてはあやしげな理論が存在して、核物理研究者の間にはそれを信じている人もいたが、当時助手の寺倉氏と院生の吉田博氏（現阪大教授）が計算され、機構の考察には私も加わって、典型元素については問題を解決した。

なお、遷移元素については計算の改良が必要で、八〇年代になって院生の赤井昌子氏（甲子園大講師）と赤井久純氏が理論値の決定版を作った。

赤井久純氏はこの核物性と呼ばれる分野でも、その後、重要な貢献を続けている。

11　内外のいろいろな世話役

国際関係の仕事

一九七二年物理の国際組織である国際純粋および応用物理連合の磁気委員会の日本代表委員に選出されて六年間務めた。

最も印象に残っているのは一九八二年の磁気国際会議の日本招致を実現したことである。この会議は三年に一度開催される磁性学の最も大きな国際イベントで、磁性学の先進国を自任する日本としては、一九六一年に続いて二度目を開催する時期が到来していた。

なお、八二年の会議では、事務局長として会議全般の運営に当たったが、ＯＢを含めた研究室のメンバーが大活躍してくれた。

一九七三年モスコーでの会合では、ソ連でのユダヤ人学者の排斥およびイスラエルへの出国妨害が問題となった。東欧出身のイギリス代表がソ連攻撃の急先鋒に立って、仲間であるフランス代表にまでアルゼンチン問題では大騒ぎするのにソ連には遠慮するのかと攻撃するという荒れた委員会になった。一方ソ連は英語が話せる人も全部通訳を通して発言し、しかもこの通訳が実は党の実力者という噂で勝手にいろいろ喋るのには唖然とする思いだった。

一九七〇年代半ばから別の国際的な役割も次々引き受けることになった。固体科学の速報誌ソリッドステートコミュニケーションズは主要国に複数の編集者を配置して論文の掲載決定を委任している。永宮先生のご停年によって、代わって務めることになった。続いてアメリカの磁性学の研究論文誌からアジア担当の副編集者の依頼があった。これも事実上掲載決定権を与えられていた。

さらに英国の物性物理の総合報告誌アドバンセス-イン-フィジックス誌からも同様な依頼があり、いずれも日本およびアジアの学界のために引き受けた。

玉石混交の投稿論文から石を選り分けるのは推理小説を読むのに似ている。純粋に学問的価値だけを念頭に置いて、遠慮なく訂正を求めたり、ときには掲載拒否をする仕事であった。

谷口シンポジウム

一九七〇年代後半になると、主としてアメリカの事情によって、物性理論分野で若い人が外国で研究する機会が減ってきた。それを補うことを考えていた頃に、谷口シンポジウムの話が始まった。

谷口豊三郎氏は東洋紡社長・会長を歴任した方で、それこそ国際級のスケールで学問を援助された方である。

一九三〇年代、理研と相前後して設置された阪大のサイクロトロンは、谷口氏の私財で創立された財団（編者注・財団法人谷口工業奨励会）が建設費全額を負担した。続いて京大のサイクロトロン設置では国と費用を折半した。

戦後は秋月康夫教授、岡潔教授と高校の同級生であった関係で数学の国際シンポジウム援助を続けておられたが、一九七六年数十億の価値の土地を財団（編者注・財団法人谷口工業奨励会四十五周年記念財団に改組拡充）に寄付されて、内外の若い人を主にした参加者二十人程度で特定のトピックスについて長時間議論を行う国際シンポジウムを数学以外の「陽のあたらない」基礎科学分野（谷口氏御自身の表現）でも行う事業を開始された。詳しい経緯を書く紙面がないが、一九七七年谷口氏にお目にかかって、理論物性学部門を加えていただき、爾後本年（編者注・一九九八年）までに二十回のシンポジウムを行った。

谷口財団は毎年約三億円を費やして十八分野で同様な企画をサポートしてきたが、谷口氏の当初からの計画に従って資金を使いきり、本年（編者注・一九九八年）をもって事業を終了、来年解散の予定である。

久保亮五氏を委員長、私を幹事とした運営委員会で毎年の主催者とテーマを選定してきたが、年を追って国際的に名声が高まり、招待されることは名誉であると見なされるようになった。本年のノーベル物理学賞受賞者ラフリン教授も今年五月に開いた会議の出席者の一人であった。

二十年間のこのシンポジウムは、日本の若い研究者と外国の研究者の幾つかの共同研究を生むきっかけを作った。

理学部長

一九八一年、私は大阪大学理学部長に選出された。

規定で学部長は一期二年、連続して三選はないことになっていたが、間を置いたときの制限がなかった。そのため、二期務めて一九八五年一旦責務から解放されたが、一九八九年三度選出され、一九九一年春四選された後、夏に総長に選出されるまで通算六年数カ月在職ということになった。

教職員の方々の絶大な協力によって大過なく務めることができたがいろいろな事件の思い出はつきない。

この間で前向きのこととしては、宇宙地球科学科の創設を挙げることができる。

阪大の理学部では地学関係の学科設置の構想が戦前から度々議論されたが、実現の運びには至らなかった。

ただ、質量分析の研究を我が国で最初に地球科学、宇宙科学へ広げられた緒方惟一教授、その講座を継がれたエックス線天文学の宮本正徳教授等の研究実績は、物理学科の中に宇宙地球科学への進出の基盤を形成していた。

詳しい経緯は省略するが、戦後のベビーブームの第二次波による学生急増対策の一環に組み込んでもらうことに成功し、六講座、学生定員四十名の規模で戦前からの願望を実現した。

既設の宇宙地球科学関係の学科と違った特色を出すために、宇宙進化学、極限生物学、地球構造学等の斬新な名称の講座を設置することにしたが、その構想の説明文に知恵を絞ったのは懐かしい思い出である。

地球物性学担当の池谷元伺教授に、学部長というのは人に命令する人だと思っていたが、自分で文章を書くのですねと今から思っても褒められたかどうか定かでない感想をいただいた。

12　二足のわらじ

学部長の仕事と研究

学部長になっても、研究を今まで通り続けることを決心していた。

一九八〇年代の初め頃から、シリコンとゲルマニウムの単結晶の三回軸に垂直な表面の原子配列が、ある温度を境にして一変する現象を取り上げた。

シリコンの場合高柳邦夫氏（東工大教授）が低温の構造を解明したことは有名であるが、ゲルマニウムの場合は全く違った構造になり、また高温になったときの振舞いも異なる。いろいろな段階を経て、一九八九年頃に両方の場合の関連を明らかにした統一理論を院生の坂本好史氏（現阪大助手）と協力して完成した。

この研究は私自身の格子ガスの理論を出発点にしたので、同時に格子ガス自体への興味も復活した。一九八四年、蜂の巣格子では最近接と第二近接相互作用が競合する場合、濃度を変えると無限に多くの基底状態が現れることを発見して厳密な証明を与えた。

この方向の研究は紙と鉛筆だけでできるから学部長室でも熱中して行っていたので、会議中でも研究をしていたという噂を立てられたことを最近になって知った。

一九九〇年、還暦を迎えたが、小谷章雄氏（物性研究所教授）、斯波弘行氏（東工大教授）、寺倉清之氏（当時物性研究所教授）、利根川孝氏（神戸大教授）の編集で、外国からの寄稿も集めて記念論文集を出版して頂いた。その序文で、学部長だがまだまだ現役の研究者であると書いていただいた。

佐川眞人氏の新磁石

一九八四年、当時住友特殊金属に在職した佐川眞人氏と協力者たちは、画期的な永久磁石、商品名ネオマックスを発明した。

この磁石は鉄を主成分とし、希土類元素ネオジミウムと典型元素ボロンを含む金属性化合物を主材料としている。その磁力の強さは黒板に紙を止めるフェライト磁石の三十倍以上もある。

この磁石の成功の秘密はボロンにあった。

佐川氏はボロンが鉄原子の間隔を広げて強磁性を増強すると考えてこの物質を発見されたが、その後鉄原子の間隔が広がっていないことが判明した。

その直後私を訪ねてこられたが、私は直ちにボロンの引起す電子状態の変化が増強の機構であると説明することができた。

私はボロン等の典型元素が鉄原子の隙間に入りこんだとき、磁化を増加させ強磁性状態のエネルギーを低くする可能性があることをそれまでに発表した論文でも述べていたが、佐川氏の磁石のような見事な結果を生むとは予想していなかった。

その後、ボロン、炭素、窒素が強磁性を増強する機構を詳しく説明した論文を発表した。簡単にいえば、これら典型元素は周囲の鉄原子をコバルト原子に近い電子状態にし、次に、以前解明したコバルトが鉄中で強磁性を増強する機構が働くという二段階の機構である。

佐川氏の発明は、永久磁石開発では常に先導的役割を果たしている日本の伝統に輝かしい一頁を加えた。私が機構の解明を通じて、同氏の仕事の意義を顕彰するのに少しお役に立っていることは大変嬉しいことである。

総長就任と改革の基本路線

学部長在任が長かったので、一九八五年夏の総長選挙で候補として推薦された。私は無理だと情勢を判断し、親しい学内の若い方々には何もしないでほしいと頼んでいた。その時当選された熊谷信昭総長が二期目の任期を終えて退任された一九九一年夏の選挙では、私も決心して理学部および他学部の支持者の熱意と好意にまかせたところ、無事当選の運びとなった。

選挙では研究室の人には迷惑を掛けないようにしたので、当時助教授の城健男氏（広島大教授）は「全く何もしなかった」と他学部の友人に言って呆れられたと教えてくれた。

一九九一年は、大学改革の軌道が敷かれた年であった。すなわち、大学審議会の答申に基づいて、一般教育、専門教育の単位数を細かく定めた大学設置基準の規制が撤廃された。この改正は、カリキュラム改正と同時に、一般教育を担当する教養部の存在の根拠を失わせて、教官組織の再編成を大学の課題とした。

また、大学審議会から大学院拡充の方針も打ち出された。その具体的な方策として、学部にあった教官の本籍を大学院に移して、従来組織としては二次的であった大学院を大学組織の基本とするという、大学院重点化が東大で構想されていた。

しかし、この構想を阪大で実現するための学内外の諸条件は混沌としていた。この状況のもとで、私は基本線を固めて、一貫した方針で改革を進めることが大切であると考えた。

教官組織の再編成では、大抵の大学では、学部教官の教養部教官に対する奇妙な優越意識が問題を複雑にしていた。

教養部と学部では教える内容が異なるが、個々の教師にとっては、いずれも他人が研究した成果がほとんどである。その違いで学部教官が優越感をもつのは人の褌で相撲を取ることになるというのが、一九八一年に理学部長に就任したときからの私の意見であった。

紛争当時の改革準備調査委員会は、大学院の教官組織を教官の専門別の組織と考え、大学院から教官が出動して、場合によっては複数の学部の一般、専門の両方の教育に当たるという構想を提案した。この構想は大学院に本籍を移す意味では重点化構想である。

これを土台にして、組織再編としては大学院の組織から、一方教育についてては学部のカリキュラムの改正から検討を進め、一般教育を含めた学部教育のための組織はその検討の中から最も合理的な案を考え出すという基本方針を固め、学内の論議をまつこととした。

13　総長の六年とその後

大学運営

多くの方々の努力で、一九九三年春までに前回述べた基本線に沿って、入学後一年半の間の一般教育と専門教育についての新カリキュラム、教養部解消と各学部教官組織の再編成、二人の副学長制の創設、複数の学部に共通する教育を統括する全学共通教育機構の創設、大学院再編の一環としての国際公共政策研究科新設、事務局と学生部の統合による事務組織の一元化などを内容とする全体構想がまとまり、一九九四年度予算で実現した。

また、各学部教育の再編成と大学院重点化も一九九五年度以降順次実現し、現在（編者注・

一九九九年）までに十学部中八学部で大学院を本籍とする改革が完成または進行している。

このほか、医療技術短期大学部の医学部保健学科への移行、研究所の改組拡充、研究センターその他の共同利用施設の改組拡充と新設、各種建物の新営、国際交流の発展、大学運営の諸制度の整備、財団法人大阪大学後援会の事業拡大等も、教職員の情熱と創意に加えて文部省の理解と支援のお蔭で、順調に進行した。

さらに、就任直後に起こった二人の学生の痛ましい実験中の死亡事故、阪神・淡路大震災等、危機管理を必要とする事件も幾つかあったが、有能かつ誠実なスタッフの適切な対処に助けられた。

大学の発展

大学の活性度は各種の指標で測定される。

大阪大学は一九三一年の創立以来十学部、言語文化部、健康体育部、十二大学院研究科、五研究所、十九の研究センターその他の共同利用施設、教職員総数約四千五百名、学部学生約一万三千名、大学院生約六千名を数える大学に成長したが、近年、教職員総数は、定員削減の影響もあって、あまり変化がなく、国立大学で四番目に位する。

しかし、教官一人当たりの論文数、競争的な制度での国からの研究費、民間からの研究費等の指標では、分野および統計の取り方に依存するが、しばしば第一位、どの場合でも三位を下回っていない。

具体的な例を一つ挙げると、センターオヴエクセレンス育成のために毎年約三億円の科学研究費が一つのグループに与えられる制度があるが、全大学から今までに選ばれた約三十のグループのうち、阪大が五グループを数え、全国の大学中第一位である。

なお、この状況は近年各種情報が公開されるようになって明らかになったが、私が総長に就任する以前から続いていた。

ここで、大学組織論上の一つのポイントを指摘しておきたい。

大学の組織は特定の事業を目指したシステムではなく、研究教育の多種多様の現在から将来にかけてのニーズに応えなければならないので、組織として整然としたものではありえない。たとえば、大学院重点化での研究所、各種センターの役割は制度上あまりすっきりしない点が残っている。

しかし、大学院を縦割りの区分とすると、それを横に、しかもかなり不規則につなぐ研究所等の組織も特定のプロジェクト遂行のためだけに存在理由があるのでなく、新しい研究の芽を育てるための情報流通のチャンネルとしても有効な存在である。

最近の研究によれば、整然と作られたネットワークよりも不規則性をもったネットワークの方がはるかに大きい情報伝達速度をもつ。今後の大学についての議論で、効率化の名を借りて、あまり整然とした組織を目指すことは、作文上だけの美学であることを強調したい。

脱線したが、総長の六年間は四十近い部局それぞれが提示する活気に満ちた教育・研究の計画を、ときには、私の好きな言葉であるが「美は乱調に在り」と思いながら、実現を助ける方策の模索を楽しむ幸福な日々であった。

退任後の生活と総括的感想

一九九七年八月、バイオサイエンスの高名な研究者である岸本忠三氏（本年度（編者注・一九九八年度）文化勲章受章者）に無事総長のバトンを引き継いだ。

その直後の二カ月間、京阪奈地区の国際高等研究所に招聘していただき、久しぶりに個人的な研究に戻る機会を得た。一九九六年に学士院賞をいただき、自分の興味の赴くままに行ってきた研究が認められたことを大変嬉しく思ったが、これからも今までの姿勢を続けて、個人プレーとしての研究もできる限り続けたい。

具体的には、マンガン酸化物の結晶変形と格子ガスの二つの問題が念頭を離れない。

なお、総長時代のいろいろなご縁で、研究以外で世の中にお役に立つことにも幾つか関わっていてかなり忙しく、いまのところ個人的な研究に費やす時間をどれだけ確保できるか定かではない。最後に、改めて総括的な感想を記したい。

個々の研究の紹介では省略したが、今から考えて、もう一歩考えを進めておけば新しい展望が得られたはずだと悔いが残る経験が多い。体系的な勉強をあまりしないで問題を解くことだけに熱中し、自分が得た答えの意味をさらに一般化する姿勢に欠けるところがあったと反省している。

また、問題意識についても、自分の感性に頼り過ぎていたことも反省しなければならない。ひとりよがりの考えは、一面ではユニークと言われる研究に結びついたことは事実であろうが、反面大きな問題を避ける結果になったことは否めない。これから未知の世界へ挑戦する方が反面教師としていただければ幸いである。

なお、大学運営に関わったことについては運命であったとしか思えない点が多々あるが、貴重な体験で後悔はない。最後に研究と大学運営両面で、永宮先生をはじめ非常に多くの方からいただいたご指導、ご援助、それにご好意に厚く感謝の意を表したい。

第二章　物《もの》の理《り》を求めて六十年

1　志を立てた頃

私が学んだ旧制大阪大学理学部物理学科では、最初の二年間は物理の基礎教育で、最後の一年間は研究室に所属して行う卒業研究に重点があった。ただ、何ごとも大らかで、基礎教育の物理実験でも、二年生になると指定されたテーマでなく、別の実験研究に半年も従事することも認められた。私も、正規のコースを外れて、真空蒸着で鍍銀した試料と光学ガラスの間の光の多重反射の干渉効果から試料表面の構造を見る実験に取り組んだが、蒸着に必要な高真空を確保することに悪戦苦闘し、そのうえ指導者から実験とは装置全体を工夫することだと言われて、自分は実験に向いていないと考え、三年生では、理論の研究室を志願した。

旧制高校では得意な数学のほかには、物理より化学が面白かったことから、物性理論の永宮健夫先生の研究室を選んだ。永宮研究室への配属が認められて、助教授の芳田奎先生の指導でVan Vleckの教科書の輪講と磁性についての卒業研究をすることになり、この年（一九五二年）から磁性とのお付き合いが始まった。

卒業した一九五三年からは、同級生の望月和子、守谷亨両氏とともに、前年欧州へ出張でご不在であった永宮先生の指導を受けた。最初の一年ほどは、先生が出された課題の研究に取り組んだが、その間に、自分から別の問題を先に提案して好きなことをしようと思うようになって実行した。その頃、永宮先生は、有名な反強磁性の総合報告（*Advances in Physics* 誌所載）の原稿執筆中で、私は諸外国と日本の反強磁性物質の磁性の実験研究を調べて、それぞれの論文の簡単なまとめを書くように依頼された。これがたいへん勉強になって、独自の研究課題を考える基礎となった。なお、このとき、一九一〇年代の曽禰・本多のMnOの研究がおそらく世界で最初の反強磁性体の研究であることを発見して、先生をたいへん喜ばせた。

このような背景で、各種の磁性化合物の物性について、その機構を定量的に解明すると同時に、その結果から一般性のある理論（物《もの》の理《り》と呼びたい）を建設しようと考えた。その志を研究室で話しても、永宮先生以外にはあまり受けなかった記憶がある。永宮先生は、理論は実験データを定量的に再現できるものでなければならないという信念を強くもっておられて、当時の理論研究の多くに厳しい態度をとられたが、私の新しい研究の提案にはいつも耳を傾けてくださった。

2　磁性研究の始まり

一九五六年頃から私は遷移元素の一酸化物、無水ハロゲン化物などの磁性の理論を次々と発表した。これらの化合物では、Fe^{2+}とCo^{2+}が関与するときは多くの場合軌道状態の縮退のため軌道角運動量が生きていて、それが死んでいるNi^{2+}、Mn^{2+}、Fe^{3+}などの場合と磁性、結晶構造などで際立った相違がある。前者を中心に後者も含めたすべての場合について、電子状態と物性を関連づける機構を半定量的に解明することができた。この考察では、磁気モーメントの超交換相互作用は実験値から推定したパラメータとしていたが、その後機構の考察に進み、化合物で出現するいろいろな場合の超交換相互作用が強磁性的か反強磁性的かという点で一般的な規則があることを結論した。Anderson は彼の論文のプレプリントの段階ではその結論を Kanamori rules と命名したが、印刷の段階で Goodenough の名前が追加された。ただ、軌道の対称性との関係やいわゆる90度相互作用の符号などを指摘したのは私である。

これらの研究の終了後、永宮先生の推薦で一九五八年から二年間シカゴ大学の金属研究所でフッ化物などの反強磁性体単結晶の磁性の精密測定で著名なStout教授のResearch Associateを務めた。滞在中は、全くの研究の自由を与えられ、それまでの研究の路線を走り続けた。研究成果は、磁性とは関係なく結晶の自発変形を起こす協力的Jahn-Teller効果の理論であった。この研究では、結晶全体の歪とd軌道状態の相互作用が重要であることを初めて指摘し、さらに結晶中の局所的な歪を正しく取り入れる方法を展開することができた。その結果、一九六〇年のM^3会議で、Herring、Kittel、Matthias、Nèelと並んで招待講演をするという晴れがましい機会も与えられた。また、Suhl、Rado編のMagnetism Iで磁性体の磁気異方性と磁歪について一章を書く機会を与えられ、一人前の理論家として認められたと嬉しかった。軌道の自由度と磁性や結晶構造との関係をまともに研究した点を評価されたのであろう。日本の学会ではある先輩から結晶では軌道角運動量は死ぬのは常識だと言われたこともあった。

　イオン結晶の仕事をしつつ、次は金属だと考えていて、帰国後、後年Hubbard模型（別にHubbardが最初の提唱者ではない）と呼ばれる模型で電子相関を取り入れた強磁性の理論に取り組んだ。金属関係の研究については次節で述べることにして、ここでは研究環境の変化を述べる。一九六三年永宮先生は渡米され、同時に助教授、助手の一人も渡米して、当時講師の私と助手の立木昌氏で十人ほどの大学院学生を預かり、私は週五回の講義を引き受ける羽目になったが、お山の大将気分で、物理学科の人事制度を改革し、同時に講座制を研究グループ制に改める案を提案し実現にこぎつけた。その頃フランスのFriedelが私を破格の客員教授として招聘してくれた。前年に留守番をしていたこともあって、永宮先生も同意され、一九六四年はフランスに滞在した。帰国した一九六五年、阪大に新設された基礎工学部に転出された永宮先生の後任として講師から助教授をスキップして教授に昇進した。教室改革の主謀者であった生意気な三十五歳の講師を抜擢した当時の教授方の寛容さに敬意を表したい。

3　合金の強磁性を中心にした研究の軌跡

教授になって、理論を専攻した大学院生が職を見つけるには、それぞれが斬新な題目で学位論文を書くことが大切と考え、多岐にわたって新しい研究方向を模索する緊張した時間を過ごした。後年学部長や総長を務めても、就任して体の変調を感じることはなかったが、教授になったときは、数カ月は異常を感じたことを覚えている。この結果、後年、規則合金や表面吸着原子の秩序配列の基礎理論、半導体Ge、Siの表面構造の相転移、協力的Jahn-Teller効果でのソフトモードなど、自分では評価されてしかるべきと思っている研究も展開したが、以下では遷移金属合金の電子構造と磁性にかかわる研究に限定して、その発展を振り返りたい。なお、磁気分光や光電子放出など、私も参加したが主に研究室の他のメンバーで推進された研究も割愛する。蛇足であるが、日本応用磁気学会（当時の名称）出版賞をいただいた「磁性」の本は、合金の研究の初期に当たる一九六七年頃書いたので、これから述べる金属関係の研究の発展が含まれていない(1)。

Friedelは3d電子の仮想束縛状態という概念を導入してNi、Co中の他の遷移元素不純物による磁化の変化を初めて説明したが、そのアイデアを具体化し他の合金にも拡張する仕事をフランス滞在中に行った。この研究は、電子相関を繰り込んだ有効交換相互作用を平均場近似で取り入れ、簡略化したタイトバインディング模型（以下tb模型と略記）で電子構造を決定する理論で、模型自体はそれまで他の人が常磁性金属中の磁性不純物について用いた模型の強磁性金属中の不純物への拡張である。ただ、この仕事はその後に行った高濃度強磁性合金の研究の基礎となった。

遷移元素同士の高濃度合金については、丁度都合よく、Sovenが磁性を考えないtb模型での電子状態についてＣＰＡ（coherent potential近似）を提案したので、その信頼性と、さらに磁性合金への応用を検討するのにかなり時間を費やしたが、その間、合金の理論としては、ＣＰＡがなかなか合理的であることが、いろいろな人の研究で明らかになった。ＣＰＡは、ＡＢ合金で原子ＡあるいはＢの電子状態を計算するとき、周囲の媒質をすべて後で決める平均の原子からなるとして不純物問題を解き、その結果から平均の原子の電子状態をセルフコンシステントに決める。したがって、前記の磁性体の不純物のtb模型の理論と組み合わせると高濃度合金への拡張がスムーズに行える。この理論で、一つの磁気モーメントをもった原子の電子状態の、周囲の磁性原子の組成への依存性が巧く取り込めるかどうかが問題であるが、ハイゼンベルク模型の分子場近似と同系統の考えであるから、基底状態には有効であると考え計算の出発点とした。

一方、遷移金属と水素やボロンのような典型元素との合金の理論建設を別の研究課題とした。この問題では、tb模型ではなく、本格的なバンド理論ですべての電子状態を考慮する必要がある。当時は計算の方法も不明であったので、たいへん複雑であるが何とか計算できる方法を作り上げた。その詳細は後に述べる。

このような研究を続けている間に研究室のメンバーを誘い込むことにも成功し、以後一九八〇年代に至るまで多くの方々が、これらの問題について、具体的な計算および計算法の改良の研究を推進した。私は計算結果を基礎にした物の理の探求に役割を変えたが、もちろんメンバーの方々も独自で物の理の探求も推進された。敬称を省いて推進者の氏名（すべてではないことをお断りしておきたい）と当時の発展の概略（題目だけを示すが「の機構の解明」あるいは「の理論」を補ってほしい）を記すと、①tb模型のCPAで遷移金属同士の高濃度合金の磁化、電子比熱の濃度依存性（長谷川秀夫）、②同模型でCPAを拡張して原子の電子状態が周囲の原子の組成によって変わることまで考慮し、とくにFe-CoでFeの最近接位置のCoの数とともにFeの磁気モーメントの増加（三輪浩、浜田典昭）、③典型元素不純物の電子構造と超微細相互作用（寺倉清之）、④すべての電子状態を考慮したCPAの基礎理論（斯波弘行）、⑤斯波理論を基礎にした遷移金属合金のKKR－CPAの実行可能な計算法とその応用（赤井久純）、⑥強磁性金属中の典型元素不純物の電子構造とその超微細相互作用の規則変化（寺倉清之、吉田博）、⑦KKR－CPAで密度汎関数法による電子間相互作用のセルフコンシステントな取り扱いも行う計算法と各種合金への応用（赤井久純、赤井昌子）などである。やや異色の方向であるが、機構の考察に大きい影響を与えた研究としては、⑧遷移金属における仮想束縛状態モデルとバンド理論の関係の解明およびCrのような非整合秩序に伴う格子歪（寺岡義博、平井国友）がある。

とくにこの節の冒頭で述べた典型元素不純物の問題③は次節にも関係するのでその発展の過程を述べたい。当時純粋遷移金属の電子構造について、バンド計算に基づく物理像の解明が進みつつあった。各原子の3d軌道は、隣の原子に重なる尻尾をもち、それとは別に原子と原子の間の平坦なポテンシャル領域での波動方程式の解である平面波状態（各原子の原子芯の状態とは直交するので直交平面波ＯＰＷと呼ぶ）が存在して、これらでフェルミ準位以下とそれ以上でもあまり高くないエネルギー範囲の状態が構成されていることが解明された。なお、昔の教科書には3d状態と4s、4p状態から構成されると書いてあるが、ＯＰＷ状態という表現のほうが適当である。これに典型元素の不純物をもちこんだときの計算法はなお未知数であったが、我々は典型元素のｓ、ｐ価電子軌道を適当に定義して、これと3d軌道とＯＰＷとの混合を厳密に計算できる方法を開発した。この方法は数学的には複雑で現在はもっと簡便な方法が開発されているが、とにかく寺倉氏は、実際にこの方法で数値計算を実行された。それによって得られた大きな成果は、数学的には光学吸収でFano効果あるいはantiresonanceと呼ばれる機構と同じ機構となり、典型元素の価電子状態の状態密度のエネルギー依存性には、フェルミ準位付近で鋭い極小が出現すること、また格子間位置に典型元素不純物が入る場合、フェルミ準位以下の状態数は、不純物がない場合からほとんど変化しないこと、一方、置換位置に入る場合は、遷移元素原子一つ分の状態が失われることを一般的に結論できたことであった。結果として、母体金属のバンドは、典型元素の価電子分だけ余分に充填されることになる。その物性に及ぼす効果は次節で述べる。なお、これは典型元素の周期のはじめのB、Al、C、Nなど、価電子軌道のエネルギーがｄバンドより高い場合の議論である。典型元素の価電子軌道が、ｄバンド状態と化学結合して、結合状態に対応するｄバンドがエネルギー的に押し下げられ充填数が増すと言ってもよい。

これらの研究で、この当時は磁性の中心問題の一つでそれまで実際上全く本格的理論がなかった各種合金の磁化、超微細相互作用、電子比熱、格子変形などの機構が半定量的ないしは定量的に解明することができた。例を挙げると、Ni合金の電子比熱は、純粋なNiについての値から一般に合金濃度とともに急速に減少するという実験結果が、成分元素への依存性を含めて定量的に説明できることを示すことができた。国際会議でこの結果を発表したとき、実験したBeckが“Your theory comes to my heart.”と言ってくれた。これには、それより以前に、状態密度とエネルギーの関係は合金濃度に依存しないとするrigidband模型で電子比熱を論じた研究者が、都合が悪いので、Ni付近の電子比熱のピークの実験値を無視して、Beckの激怒を招いたという序幕がある。

第一原理計算がまだ始まっていない当時、どんな計算をしたのであろうと思う人もあると思うが、たとえば合金のtb模型の計算では、純粋金属の実験データでパラメータを決定して合金効果の機構を論じる。また典型元素不純物の問題では、不純物原子のポテンシャルは、中性自由原子のポテンシャルを仮定した。遷移金属同士の合金の磁化の濃度変化や強磁性金属中の典型元素の超微細相互作用による内部磁場の原子番号依存性などは、このような仮定でもよく再現され、その機構（物の理）を論じることができた。その後合金については赤井氏、化合物では寺倉氏をはじめとする多くの方々の努力で、密度汎関数法による第一原理計算が常識となった(2)。これらの計算によって、tb模型では不可解なNi–Pd合金の磁化の変化など4d、5d遷移元素を含む系での物の理が解明されつつあるが、私の印象では、とくに各種化合物での4d、5d遷移元素の多価性の機構と高圧下の物質の電子構造がここでいう物の理の議論のこれからの興味深い課題であるように思われる。

4　NdFeB 磁石との出会いとその後

NdFeB 磁石とのかかわりのきっかけは原子核物理の研究者・杉本健三氏との研究協力であった。BとNのある同位体核の対は、その原子核の構成が陽子と中性子の数が逆になっていて、励起状態の比較が興味をもたれていた。加速器で作った励起核を遷移金属に打ち込むと核磁気モーメントの緩和時間が長くなるので、励起状態の研究に都合がよい。この緩和時間が長くなる理由は、前節の寺倉氏との研究で、遷移金属では不純物原子核上の電子密度のエネルギー依存性がフェルミ準位付近で Fano 効果による鋭い極小をもつためであると説明できた。FeにBを打ち込んだときに、置換位置に入るか格子間位置に入るかを内部磁場などのデータから突き止める研究から、BがFeの格子間位置に入ると磁化を増加させる可能性に気がついて、一九八四年の応用磁気学会研究会で発表したところ、同じ研究会でたまたま佐川眞人氏が画期的な NdFeB 磁石の発明について講演をされた。佐川氏の目覚ましい結果に感銘を受けた直後、佐川氏は住友特殊金属に勤務していた知人と一緒に私の研究室に来られ、Bを加えたのはFe原子の間隔を広げるとNd_2Fe_{17}の強磁性が増強されると考えて成功したが、$Nd_2Fe_{14}B$では広がっていないことがわかった。それでは、強磁性増強の機構は？という質問をされた。私は研究会で佐川氏の目覚ましい成功を聞き、それまでの鉄中の不純物としてのBの働きの考察をFe合金・化合物に拡張することを考えていたので、直ちにその機構はBによる電子構造の変化と答えることができた。佐川氏の発見を知らないで書いた当時の文献を引用しておく[3]。

考えの背景から解説すると、典型元素の周期のはじめのB、Al、C、Nなどでは、前述のように、見かけ上dバンドの充填数がそれの価電子数だけ高くなる。見かけ上と言ったのは、隣接遷移元素原子のd状態の一部はフェルミ準位より高い反結合状態にもっていかれるので、実際のd電子数は増加しない。一方典型元素原子も、dバンド状態と混合している価電子状態の成分で、実際には価電子をキープしている。しかし状態数に着目すると典型元素はその価電子をdバンドに渡して充填する。これらの典型元素がdバンドを充填すると、強磁性にどのような影響を与えるであろうか。強磁性Niの飽和磁化は、まさに典型元素の価電子数に応じて減少する。これはNiの強磁性状態ではdバンドを充填しようとすると、少数スピンの状態しか空いていないからである。Feではどうかというと、多数スピンの状態が空いていて、フェルミ準位付近では少数スピン状態よりも密度が高いので飽和磁化の増加が期待できると同時に、Curie温度の上昇をもたらす。しかしこの結論を導くには、以下に述べる考察が必要である。

一九六一年に Anderson は、4d 遷移金属中の Fe が母体金属の種類によって磁気モーメントをもつ場合ともたない場合があることを説明するために、Fe の 3d 電子の仮想束縛状態の記述として有名な Anderson 模型を導入した。一九六四年には Alexander と Anderson はこの仮想束縛状態が磁気モーメントをもつ場合に、二つの仮想束縛状態の間に電子が行き来（化学結合）するために相互作用が生まれるとした。同種の原子の相互作用の場合、3d 状態を想定して、仮想束縛状態の電子の充填数が、完全に充填される場合を 10 とすると、パラメータの取り方で幅はあるが、4 から 6 のあたりまでは反強磁性的、7 以上になると強磁性的となって、Cr、Mn で反強磁性、Fe は反強磁性あるいは強磁性、Co、Ni は強磁性という事実によく対応することを示した。なお 3 以下の充填数では 6 以上と同様に強磁性となるが、この場合は磁気モーメントが維持できないとすると、除外してもよい。この理論は Moriya らによって拡張され、たとえば Fe–Co の相互作用は、Fe–Co 合金での Curie 温度の上昇に対応して Fe–Fe よりも強くなることが示された。充填数だけで相互作用の傾向が決まるのがこの理論の重要な示唆である。

しかし、この理論を直ちに信じることはできなかった。3d 遷移金属主体の合金では仮想束縛状態の幅は、主として 3d 状態同士の電子の移動で決まるとすると、それを考えた上でもう一度二つの原子の間の電子の行き来を考えることができるのかという疑問が起こる。これに対して答えを与えたのは、前述の平井氏との研究⑧である。遷移元素原子が凝集した金属・合金で、一つの最近接の原子の対に着目して、その間の電子移動だけを別扱いにして、それ以外の原子間の電子移動をまず考慮し、その上で別扱いにした原子対間の電子移動の効果を取り入れる形にバンド理論を書き直すことができる。着目する原子対の原子はまず他の原子への電子移動の結果、Anderson 模型に似た形状の局所電子密度を獲得し、その上でお互いの間を電子が行き来するようになる。これは、上記の Alexander-Anderson 理論を正当化し、充填数だけで相互作用の大体は決まることを保証した。これは我々の Alexander-Anderson 理論の理解が足りなかったことを暴露しただけかもしれないが、私にとってはその後の発展の基礎となった。なお、我々は一般的な議論を展開したが、その後純粋な金属の強磁性状態で、一つの原子の磁気モーメントを逆転させたときのエネルギー変化から、磁気モーメント間の相互作用を導く精密な計算でも、Alexander-Anderson の理論が確かめられている。

Bの問題に戻ると、充填効果のため、Bの最近接のFe原子の仮想束縛状態はCoに近くなるすなわちコバルト化されると、それに隣接する（Bからは遠い）Feとの強磁性相互作用は、Fe-Co合金と同じ状況で増強され、全体の Curie 温度が上昇する。これが Nd_2Fe_{17} から $Nd_2Fe_{14}B$ になったときの強磁性増強の機構である。磁気モーメントは、コバルト化したFeはあまり変化がないが、それより遠いFeの磁気モーメントは Fe-Co 合金と同じように増加する。このことはその後実験でも計算でも確かめられている。また、このような効果はCやNでも期待できるし、その後に展開された同種化合物の実験結果とも一致する。なお、強磁性体から永久磁石を作るには、材料が高い異方性エネルギーをもつことが必要である。NdFeB および関連の化合物の磁気異方性の機構はまだよくわかっていないが、典型元素が1軸性の異方性を作ることに重要な貢献をしていることは実験的に知られているし、小倉昌子、赤井両氏からの非公式情報では計算でも手がかりが得られつつあるとのことである。

また、典型元素のdバンド充填効果と磁性との関係は、例えばMIIAI、Vのシアン化物の強磁性は、MnやVがFeやCoに近くなること、CrにAlを加えるとネール温度が上昇するのはCrのMn化で理解できるなど、多くの合金・化合物の実験事実に対応していて、物質デザインの一つの指針になるであろう。

OやFでは典型元素の価電子状態のほうが3d状態よりもエネルギーが低く、最初に私が志したイオン結晶磁性体になる。なお、この場合は、電子相関のため電子が局在し第一原理計算が有効でない。一方、磁性半導体 Mn-As 系などの場合は典型元素の状態はdバンドと重なる。このときは、超交換相互作用や金属中の相互作用のほかに、典型元素の価電子状態のスピン偏極も強磁性に貢献する。典型元素以外の元素でも、多数スピンd状態と少数スピンd状態の中間に状態を作ると同様の働きがあるが、その面白い例は、二重ペロブスカイトで、構成原子の種類によって強磁性になったり、弱い反強磁性になったりすることで、寺倉氏たちの電子構造の計算によって、上述の中間状態の偏極が強磁性を作ることが明瞭に示されている。この機構についてコメントをしたため、論文の共著者に加えていただいた[4]。

最後に、Cr、VによるFeの強磁性の増強と永久磁石材料の問題に触れておきたい。これらがFeのCurie温度を上げることは古くから知られていて、計算でも再現することはわかっていたが、その機構がCr、Vによる最近接のFeのコバルト化であることが、最近の小倉氏、赤井氏との研究で明らかになった[5]。スピンが絡むので複雑ではあるがCr、Vのd状態がFeのd状態よりも高いエネルギーをもつので似たような効果がある。文献5の論文では、Fe–Crの反強磁性相互作用を利用した新しい永久磁石材料の可能性を提案している。反強磁性体では、異方性エネルギーが小さくても、磁化は簡単には方向を変えられない。これを利用するアイデアは昔からあるが、Fe–Cr系でこれを利用できないかと考えた次第である。これが、六十年にわたって、物の理を探索した遍歴の現在地であることを報告してよもやま話をしめくくりたい。

References and Notes

（1）金森順次郎：「磁性」補遺 1（コピーマート研究所 http://www.copymart.jp にある Copymart Library に収録）が二〇〇八年までの発展を補っている。

（2）金属中の超微細相互作用について第一原理計算に基づく計算を含めた詳しい総合報告は H. Akai, M. Akai, S. Bluegel, B.Drittler, E. Ebert, K. Terakura, R.Zeller, and P.H. Dederichs : *Prog. theor. Phys.*, 101（Suppl.）, 11（1990）; 強磁性合金磁化のいわゆる Slater–Pauling 曲線群の第一原理計算は P. H. Dederichs, R. Zeller, H. Akai, and H. Ebert : J. Magn. Magn. Mat., 100, 241（1991）にまとめられている。

（3）金森順次郎：日本応用磁気学会研究会資料，34，1（一九八四）および J. Kanamori : *Hyperfine Interactions*, 21, 159（1985）で Fe–Co 合金との関係や強磁性交換相互作用の増加にも言及。

（4）Z. Fang, K Terakura, and J.Kanamori : *Phys. Rev. B*, 63, 180407（2001）

（5）M. Ogura, H.Akai and J. Kanamori : *J. Phys. Soc. Jpn.*, 80, 104711（2011）

（二〇一二年五月一四日受理）

第三章　式辞・告辞

平成四年度入学式告辞

皆さん、入学おめでとう。大阪大学の教職員・学生を代表して、皆さんを歓迎します。

大阪大学は、昭和六年すなわち一九三一年に、大阪帝国大学として創設されました。当初は、医学部と理学部で発足しましたが、まもなく大阪工業大学が工学部として加わり、また、一九四〇年代後半には文科系の諸学部が創設されました。その後新しい学部が次々と加わって、十学部を擁する現在の形に成長しましたが、その歴史には、皆さんに知っておいていただきたいことが、いろいろとあります。今日はその内の二、三を紹介します。

まず、大阪での学問の伝統を受け継いでいるという意味で、大阪大学の歴史は、遠く徳川時代に遡ることを述べたいと思います。一七二四年に、何人かの大坂町人が協同して、懐徳堂という学問所を創設しました。懐徳堂は、最盛期には、江戸の幕府の学問所である昌平黌をしのぐ数の学生を集めたこともあるといいます。懐徳堂を中心に形成された大阪の町人文化から、山片蟠桃、上田秋成などの独創的な思想家、文学者等が生まれました。この懐徳堂は、明治の初めに、一旦廃校となりましたが、大正の初めに、懐徳堂記念会が設立されて、再び講義や講演が行われました。この記念会も、戦災等のため中断し、蔵書・遺品が、昭和二十年代に創設された大阪大学文学部に寄贈されました。以後大阪大学は懐徳堂をみずからの源流の一つとして、記念会の事業を継承しています。

もう一つの大阪大学の源流は、幕末に開かれた緒方洪庵先生の適塾です。この適塾も、第一に全くの民間人によって作られた学校であるという特色があります。適塾では、福沢諭吉、大村益次郎その他大勢の先覚者が、西洋の科学を学び、近代日本の建設に大きく貢献しました。適塾の建物は、現在でも大阪市内に保存されていて、大阪大学が管理しています。誰でも参観できますから、皆さんも在学中に是非訪れて、幕末の激動期にここに集まった優れた若者たちの情熱を偲んでください。

適塾の伝統は、その後幾つかの変遷を経て、大阪府立医科大学に引き継がれました。この府立医科大学が、現在の医学部の前身です。さて国立大学として大阪大学が発足してからの歴史については、いずれ各学部で詳しく聞くチャンスがあると思いますので、ここでは湯川秀樹先生のことだけを述べたいと思います。皆さんは日本で最初にノーベル賞を受けられた湯川秀樹先生の名は聞いたことがあると思います。湯川先生は、大阪大学が発足したとき創設された理学部に、教官として着任されました。ノーベル賞の受賞の対象となった研究は、この大阪大学でなされたものです。

この湯川先生のお仕事は、中間子という素粒子を理論的に予言したことであると聞かれたことがあるでしょう。その意味を少し解説して、皆さんのこれからの勉学についての参考に供したいと思います。物質は、すべて原子からできていますが、その原子は原子核とその周囲にある電子からできています。その原子核が陽子と中性子からできているということがわかってきたのが、一九三〇年代の初めで、丁度大阪帝国大学が創立された頃です。この陽子と中性子を結び付けている力が謎でしたが、湯川先生は、それまで知られていた電気的な力や重力とは違った第三の力が存在し、それが、陽子と中性子が中間子という新しい粒子をキャッチボールのようにやりとりすることで生まれるという理論を構築されました。中間子が後に発見されて、この理論が正しいことが証明されましたが、このお仕事は、自然界の第三の力の本質を明らかにしたもので、また理論構成そのものが、新しい粒子の存在と力とを結び付けるという、斬新で壮大な思考に基づいていたので、それ以後の研究者の考え方に大きい影響を与えました。

当時の阪大理学部は、新進気鋭の研究者が全国から集まり、東京の理化学研究所と並んで、日本での分子・原子・電子・原子核といったミクロの世界についての近代科学の中心になっていました。湯川先生のご研究には、そこでの多くの人との直接間接の触れあいが重要な働きをしたということを、先生ご自身が述べておられます。またご研究が決して偶然の発見ではなくて、いろいろな知識の上に立って考え抜かれた成果であることも強調した上で、これから皆さんの大学での勉学についての私の希望を述べたいと思います。

私の希望は、簡単なもので、皆さんがこれから聞かれる講義で、大いに質問をしてほしいということです。講義や書物から、いろいろな知識を獲得することは誰でもできます。しかし、その上に立って考えないと、疑問点が見えてきません。湯川先生と同じか、それ以上の知識をもった人は、当時かなりいたと思います。しかし、何が問題の焦点かということは、考え抜かないと見えてこないものです。私は、皆さんに今すぐに研究をしなさいと言うつもりはありませんが、答えを見つけるということよりも、疑問点を考えるという習慣を身につけてほしいと思います。それには質問をすることです。質問をするためには、考えることが必要になります。

次に、教室で質問をしないで、講義が終わってから、聞きに来る人がいます。これが悪いとは言いませんが、なるべく教室で皆に聞こえるように質問することが大切です。先ほどの湯川先生のご研究の紹介でも述べましたように、多くの人との触れあいが、新しいことを考える上でも重要です。教室で質問することで、多くの人とのコミュニケーションができます。また大きな声で質問することは、自分の考えをまとめるのに役立ちます。

湯川先生のご研究の紹介にかこつけて、皆さんの勉学についての私の希望を述べましたが、皆さんは、これからの大学生活で、課外活動等についてもいろいろな夢をもっていると思います。ここでも、引っこみ思案にならないで、新しい事に挑戦してください。勉学と課外活動を通じて、できるだけ広い範囲に、友情の輪を広げましょう。人と人の触れあいは、勉強や研究でも大切ですが、もっと広く、皆さんの人生全般にわたって大切です。皆さんは、楽しみを分かち合い、苦しいときは助け合う交友を通じて、生き方や考え方には様々な可能性があることを学び、理解する必要があります。皆さんが、他人の痛みを共有できる深く広い心をもたれることは、これからの人生にとって、また今後の社会にとって、何よりも望ましいことです。

最後に、皆さんが、伸び伸びと、大きいスケールで、楽しく有意義な大学生活を送られることを祈念して、私の告辞を終わります。

平成五年度入学式告辞

皆さん、入学おめでとう。大阪大学の教職員・学生を代表して、皆さんを歓迎します。

大阪には、十八世紀の懐徳堂、十九世紀の適塾という日本文化発展の歴史上に重要な地位を占める文化遺産がありますが、大阪大学は、この二つを本学の学問の精神的な源流としています。これらに、二十世紀の大阪帝国大学としての出発を加えて、三世紀にわたる歴史が、本学の伝統の骨格を形成したと考えると覚え易いでしょう。もちろん、伝統を受け継ぐといっても、その歴史の何もかもが現代に生きているわけではありませんが、社会・文化の発展を的確に見通した先見性が大阪大学の伝統であるといってよいと思います。

一七二四年に、五人の大坂町人が協同して、懐徳堂を創設しました。懐徳堂は、その後幕府公認の学問所となりましたが、武士と町人を平等に取り扱うことを宣言した学則を作るなど、時代にとらわれない新しさをもっていました。懐徳堂を中心に形成された十八世紀の大坂の町人文化は山片蟠桃、上田秋成その他多くの独創的な思想家、文学者等を生みましたが、全体として、当時の儒学に残っていた聖賢の教えや言い伝えを鵜のみにする風潮から脱却して、合理的なものの考え方を植え付け、西洋文明も寛容に受け入れようとした特色があります。なお、懐徳堂は、明治の初めに、一旦廃校となりましたが、大正の初めに、懐徳堂記念会が設立されて、再び講義や講演が行われました。この記念会も、戦災等のため中断し、蔵書・遺品が、昭和二十年代に創設された大阪大学文学部に寄贈されました。以後大阪大学は記念会の事業を継承しています。

十九世紀の適塾は、偉大な教育者であり、医師であった緒方洪庵先生によって一八三八年に創設されました。適塾では、福沢諭吉、大村益次郎その他大勢の先覚者が、西洋の科学を学び、近代日本の建設に大きく貢献しました。緒方先生、適塾、そしてそこで学んだ塾生たちの時代の動向を見通した先見性は、今更強調するまでもないことでしょう。適塾の建物は、現在でも大阪市内に保存されていて、大阪大学が管理しています。誰でも参観できますから、皆さんも在学中に是非訪れて、幕末の激動期にここに集まった優れた若者たちの情熱を偲んでください。

適塾の伝統は、その後幾つかの変遷を経て、大阪府立の大阪医科大学に引き継がれました。この大阪医科大学が、現在の医学部の前身です。二十世紀に入って、昭和六年、すなわち一九三一年に、国立大学としての大阪大学が発足しました。以後今日まで六十年余りの間に、大阪大学は、各方面で活躍している多くの人物を生み、また、多くの分野で、新しい学問の創造に貢献して来ました。その結果、発足当初は、新設の理学部と医学部、工学部の三学部だけで、入学者も二六五名でありましたが、本日、十学部で、合計二八四一名に上る皆さんを迎える大学に発展しました。この大阪大学の歴史は、一口でいえば、社会、学問の動向について、常に一歩進んだ見識をもっておられた多くの先輩たちの先見性の賜であり、懐徳堂、適塾の伝統を受け継いでいるといってよいでしょう。

皆さんは、このような三世紀にわたる伝統を、二十一世紀にさらに発展させる役割を担っています。大阪大学では、皆さんは、最初の二年間で主として一般教養科目と若干の専門科目を学び、その後専門科目を勉強することになりますが、ここで、皆さんのこれからの勉学について二つのことを述べたいと思います。

一つは、「教養」の意味についてです。日本語で教養というと、専門外の広い知識とか趣味と同一視される傾向があります。本来「教養」という言葉は、英語の Culture、ドイツ語の Bildung の翻訳として、大正の頃から使われた言葉ですが、英語の Culture は、畑などを耕す耕作という意味、ドイツ語の方は、英語のビルディングで、作り上げるという意味に由来しています。したがって教養は、受け身で学ぶ知識、いわゆる教養講座や教室で黙って聞いていて取り込む知識という意味ではないといってよいでしょう。「教養」は、自分で作り上げるものです。

もう一つは、元来、学問に教養科目と専門科目の確然とした区別があるわけではないということです。まして、学問が講義の各科目に区分されているわけではありません。皆さんは、これまで理科、数学、国語、社会など様々な科目を学ばれ、それぞれの科目について、受験勉強をされました。一つの科目を勉強するときは、その科目だけを考えればよかったわけです。このことから、学問とか知識がこれらの科目に区分されているような印象をもたれているかもしれません。大学でも、講義はそれぞれの科目に分れていて、担当の先生が、ご自身を含めたいろいろな人が築き上げて来た知識を、理解し易いように整理して教えられます。しかし、将来社会に出られても、また、大学に残られても、さらに日常生活でも、実際の問題と取り組むときは、一つの科目、一つの専門で習った内容でもって問題を解決できるということは、まず、ないといってよいでしょう。一つの科目で習ったことですんなりと解決できるのであれば、その問題は大抵すでに過去に研究されたもので、目新しいものではありません。新しい問題を解決するためには、他の科目、他の分野の考え方を取り入れることが必要ですが、それを可能にするためには、科目の区分にとらわれない思考が必要です。二十一世紀には、二十世紀の学問の区分がそのままで通用するはずがありません。

以上二つのことから明かなように、教養科目とか専門科目とか、さらにそれらを細分化した各講義の区分にとらわれず、皆さんが、教室で習った知識を自分で再構築することによって、新しい事象に挑戦できる本当の専門知識を身につけることができるのです。まさに、そのような知識こそが「教養」であります。真の教養を、自分で自分の中に作り上げてください。

さらに、私は、皆さんが、勉学と課外活動を通じて、できるだけ友情の輪を広げることを希望します。人と人の触れあいは、勉強や研究でも大切ですが、もっと広く、皆さんの人生全般にわたって大切です。皆さんは、楽しみを分かち合い、苦しいときは助け合う交友を通じて、生き方や考え方には様々な可能性があることを学び、理解する必要があります。ここでも、「教養」を形成することの重要性を強調したいと思います。

最後に、皆さんが、伸び伸びと、楽しく有意義な大学生活を送り、スケールの大きい人物に成長することを祈念して、告辞といたします。

平成五年度卒業式式辞「己の適とするところを適とする」

皆さん、卒業おめでとう。

私たちは、皆さんの新しい門出をお祝いできるこの日を、毎年大きい感激をもって迎えています。

皆さんの在学中に世界は大きく変わりました。資本主義と社会主義といったイデオロギーでの対立の構図は、世界でも、また、日本でも過去のものになったようですが、民族間の対立や地球環境の保全が、人間社会のより具体的で深刻な課題となっています。一方、日本は、この間、独り繁栄した経済を享受して来ましたが、政治経済両面で、昨年来大きく変動しています。また、国内問題はさておいても、日本は、今まで受け身的にしか考えていなかった国際的な関係をより積極的に構築して、地球全体の問題に取り組む必要に迫られるようになっています。皆さんの前途には、このような課題が待っていますが、別の見方では、新しい展開が期待される時代に差しかかっていると言ってよいでしょう。皆さん方一人一人の地道な努力が、明るい未来の建設に大きく貢献する時代が到来しつつあります。

ここで、適塾の創始者緒方洪庵先生に因んだ言葉を紹介して、皆さんへのはなむけとしましょう。皆さんは、大阪大学が適塾と懐徳堂を自らの源流としていることはご存じのことと思います。

皆さんの中には、在学中に適塾を訪問された方もあると思います。適塾の建物は、北浜に現存して、一般に公開されています。適塾の門下生には、福沢諭吉を始め、大村益次郎、橋本左内、長与専斎、大鳥圭介等日本の近代化に大きな役割を演じた人たちが多く含まれています。これらの門下生は、自分が勉強しなければ日本の前途は危ないと日夜勉強にいそしみました。適塾の建物を訪れますと、塾生の熱気が今でも伝わってくる気がします。洪庵は、医師としても名声が高い人でしたが、蘭学者としても傑出していました。その学識に加えて、福沢諭吉が、実父同様に慕い、大人物として心から敬服していたことで例証されるように、多くの門人を惹きつけた温かい人柄の持主でもありました。

さて、適塾は洪庵の号、適々斎を冠した適々斎塾を縮めた名です。適々斎の由来については、洪庵自身の説明がないために、いろいろな議論が行われています。ここでは、梅溪昇大阪大学名誉教授の説明に従いますと、適々斎という号は、荘子にある句に暗示を受けたもので、「己の適とするところを適とする」という意味をもっていて、いかなるものにも制肘されず、おのれの確信する道をいく、自主独往の精神を標榜したものとのことです。さらに、梅溪昇教授は、「洪庵は、その標榜どおり、温厚篤実な人がらの中にも、こと学問や社会・時勢にたいしてはきびしく対処し、見識をもって信ずるところを大胆に実行する人であった」と書かれています。洪庵の時代に蘭学というと、いかにも時流に乗ったように思われますが、実際は、高野長英が脱獄したとき、洪庵も奉行所に呼び出され、決してかくまわないようにと釘をさされたり、蘭書は読んでよいが許可なしに翻訳してはいけないという規制があったりで、蘭学を志すこと自体が大変でした。まして、血気盛んな若者を集めて蘭学の塾を開くには余程の覚悟が必要であったと思われます。洪庵は、十七歳で武士を棄てて医師となる決心をして、以来、「己の適とするところを適とする」志を貫いたといえます。適塾は市井の一私塾でしたが、洪庵の志は、福沢諭吉、大村益次郎その他多数の若者を通じて回天の大事業を成し遂げました。

最初に述べましたように、新しい国際関係を構築するという課題をもつ日本の今日は、第二の開国を控えているのかもしれません。明治の開国と同様に、前途には不透明な要素が多い一方で、豊かな可能性が含まれています。皆さんは、一人一人の行動が社会全体の発展の方向を大きく変える可能性があることを意識して、これからの生活を構築してください。自主独往の精神をもって志をたてることの大切さを記憶していただくために、緒方洪庵先生に因んだ「己の適とするところを適とする」という言葉を述べました。皆さんの前途のご多幸を祈念して、式辞を終わります。

平成五年度大学院学位記授与式式辞

本日、それぞれに修士あるいは博士の学位を取得されましたことを、心からお祝い申し上げます。

皆さんが今日手にされる学位記には、それぞれに、これまでの研究生活において注がれたご苦心、ご努力が籠っていることでありましょう。博士の場合と修士の場合で、さらには分野によって、これまでのご研究の期間は長短様々でありますが、本日が皆さんの人生の意義深い節目であることには変わりがありません。これから研究生活を続けられる方々には、さらに輝かしいご研究の進展がありますように祈念いたします。また、研究を離れた仕事につかれる方々には、これからのお仕事でのご多幸とご発展を祈ります。

これから、研究について二つの感想を、主として修士および自然科学系の課程博士の方々のご参考までに申し述べたいと思います。もとより、私の狭い体験に基づいた話でありますから、皆さんの多様なご専門すべてについてにあてはまるわけではないことを、あらかじめお断りしておきます。

一つは、研究の発展についてであります。自然科学の研究対象は、数理、情報、物質、生命体、地球、宇宙等と挙げて行くことができます。また、学問体系としては、数学、情報科学、物理学、化学、生物学、さらには、もっと細分化した分類を挙げることができます。ここで、一つの研究対象は決して一つの学問体系、あるいは別の言葉では、研究方法が独占しているわけではないことを強調したいと思います。さて大学院では、ほとんどの場合、一つの研究室が、一つの学問体系あるいは研究の方法論に対応しています。修士あるいは課程博士の場合、ご自身がこの体系に新風を吹き込まれ、革命を起こされたこともあるとは思いますが、多くは、伝統的な方法論あるいは体系とその延長の範囲内で得られた新しい成果が、本日の学位をもたらしたといってよいでしょう。これからは、その枠外に出て、新しい要素を摂取して、自らの方法を築くことが大切であります。

研究にはいろいろな性格があります。ある現象を研究対象として取り上げたとき、その現象を分析して、何が起こっているかを明らかにすることが、一般に、一番研究成果があがる方向であります。もちろん、真実を突き止めるためには、透徹した思考と直観力が必要であって、決して分析が容易であるというつもりはありません。しかし、分析に対比されるのが総合であって、ある現象がどのようにして作られるかを組み立てることは、現象が複雑になればなる程困難になります。二十世紀の科学は、分析において目覚ましい成果を上げてきました。分析の方法によって、多くの学問体系が形成されましたといってもよいと思います。二十一世紀の科学は、総合により大きいウエイトがかかるものと考えられます。そのためには、従来のディシプリンの殻を破る必要があります。本日からは、鳥の巣立ちと同様に、自らの翼ではばたき新しい領域を探し求めていただくことが、科学の発展のために重要であります。

第二には、研究の評価について、新しいアイデアや独創的な研究について人の理解をうることとは非常に難しいということを述べます。最近のアメリカ物理学会の会報である「Physics Today」という雑誌にのっている記事ですが、科学研究費の採択で、いわゆるpeer reviewという制度があります。予算が乏しくなって、五人のレフェリーがすべて最高の評価をしないと採択されないという場合、無難なあまり独創的でない研究が採択されるということが指摘されています。自分の独創的な研究が、すべての人に理解されることが難しいということと、逆に、他人の独創的な研究を理解することも困難であるという両面のことを、今後のために記憶に留めていただきたいと思います。自然科学の分野では、学位を取得されるまでは、前にも申しましたように、いわば巣の中の雛鳥のように指導者に保護されている面があります。それでは、今後どうしたらよいのかと思われるかもしれません。私が申し上げたいのは、周囲の無理解をはねかえす逞しさを身につけていただきたいということです。もちろん、この逞しさには、一方では、謙虚に批判に耳を傾け、自らの研究にはいささかのごまかしも許さないという厳しい自己規制が伴っている必要があります。

今後、皆さんが、研究者、職業人として、大きくはばたかれることを改めて祈念して、私の式辞を終わります。

平成六年度入学式告辞「受け身でない生活の構築を」

皆さん、入学おめでとう。大阪大学の教職員・学生を代表して、皆さんを歓迎します。

大阪大学には、他の大学にない特徴が幾つかあります。その中の一つは、十八世紀の懐徳堂、十九世紀の適塾という、大阪が誇りとする二つの文化遺産を、いろいろな意味で継承していることです。十七世紀から十九世紀にかけて、大坂は日本の経済の中心であると同時に、武士の居住が制限されていたために、窮屈な武家政治や道徳の影響を受けることが少ない唯一の都市でありました。このような環境の下で、懐徳堂を中心として展開された思想は、大阪を日本文化の中心としたといってよい程に独創的なものであったことが、近年の研究で明らかになりつつあります。

懐徳堂というのは、一七二四年に、五人の大坂町人が協同して、創設した学問所です。懐徳堂は、武士と町人を平等に取り扱うことを宣言するなど、時代にとらわれない新しさをもった学則によって運営され、中井履軒、富永仲基、山片蟠桃等の多くの独創的な思想家を生みました。これらの人々は、聖賢の教えや言い伝えを鵜のみにする当時の儒学から脱却して、合理的なものの考え方を展開しています。その思想は大変高度な内容ですが、卑近な例を述べると、妖怪、幽霊、超能力といったものを一切否定するなど、今日の日本でもなお強調しなければならないことが含まれています。また、コペルニクスの地動説等の西洋文明の成果も取り入れるだけでなく、自然の仕組みを実証的に探求しようという近代自然科学の基本的な考えにかなり近い思想を展開して、後の西洋文明の全面的な受け入れの素地を作ったといえます。なお、懐徳堂は明治の初めに一旦廃校となりました。その後、大正の初めに、懐徳堂記念会が設立されて、懐徳堂を継承する講義や講演が行われましたが、この事業も、戦災等のために続けることが困難になり、懐徳堂の蔵書・遺品が、昭和二十年代に創設された大阪大学文学部に寄贈されました。以後、大阪大学は記念会の事業を継承して、懐徳堂の顕彰に努力するとともに、自らの学問の源流を懐徳堂に求めるようになりました。

一方、適塾は、懐徳堂で培われた自由なものの考え方を背景にして、偉大な教育者であり、医師であった緒方洪庵先生によって、一八三八年に創設されました。適塾では、福沢諭吉、大村益次郎その他大勢の先覚者が、西洋の科学を学び、近代日本の建設に大きく貢献しました。緒方先生、適塾、そしてそこで学んだ塾生たちの時代の動向を見通した先見性は、今更強調するまでもないでしょう。適塾の建物は、現在でも大阪市内に保存されていて、大阪大学が管理していますます。公開されていますから、皆さんも在学中に是非訪れて、幕末の激動期にここに集まった優れた若者たちの情熱を偲んでください。

適塾の伝統は、その後幾つかの変遷を経て、府立大阪医科大学に引き継がれました。二十世紀に入って昭和六年に、この大阪医科大学を医学部とし、理学部を新設して国立大学としての大阪大学が発足しました。まもなく、官立大阪工業大学が工学部として参加しましたので、三学部でスタートしたといってもよいでしょう。以後、大阪大学は、各方面で活躍している多くの人物を生み、また、多くの分野で新しい学問の創造に貢献して来ました。その一つの例が新設の理学部であって、少壮気鋭の科学者を集めて、数学、物理学、化学の分野で日本の近代科学の中心となりました。湯川秀樹博士も、阪大理学部に講師、助教授として在職される間に、日本で最初のノーベル賞受賞となった中間子論の研究をされました。大阪大学はこのような目覚ましい多くの研究・教育の成果を基礎にして、今日では、十学部、五研究所、その他多くの教育・研究施設を擁する規模に成長しました。さらに、現在でも、教官一人当たりの論文発表数で、多くの分野で日本で一番であるという統計が示すように、非常に活発な研究が展開されています。入学者の数でいえば、発足当初は二六五名でしたが、本日、十学部で、合計二九八六名に上る皆さんを迎えています。

皆さんは、自分のこれからの生活にそれぞれに思いを廻らされていることでありましょう。私は、ここで皆さんに、「受け身でない生活を構築しよう」と呼び掛けたいと思います。一つの例を、皆さんの生活の大きな部分を占める勉強からとって、話を始めます。最近、微分、積分を漫画で解説する本が出て話題になっています。高校では、微分、積分は数学だけで教えて、物理の授業では使ってはいけないことになっていて、物理の入試の問題で微分や積分を使う問題は出ないということは、皆さんもよくご存じのことです。このように高等学校まで教科は、どの科目で何を教えるかが細かく決められています。そのこと自体は、それなりの理由があるので批判するつもりはありませんが、このような教育を通じて、皆さんが、学問は先生が適当に分類して教えてくれるものと思い込んでいるとしたら大変な間違いです。皆さんも多分ご存じのように微分、積分と物理学の一部である力学とは、切っても切れない関係にあって、両方ともニュートンが始めたものです。

学問は、便宜的にいろいろと分類されていても、実はお互いに重なり合っていて、同じ研究の対象を共有していることがよくあります。大学で学ぶ学問は、高等学校までのように、整然と分類されていません。学問は、その最前線で、いつも未知の世界と接していて、日進月歩の勢いでその最前線が動いて行きます。大学では、そのような未知の世界を皆さんに示すことを目標にしています。当然のことですが、未知の世界に接する最前線では、これは物理だとか、数学だとか、あるいは、場合によっては、自然科学か人文科学かといった分類は必要ではありません。未知の世界の開拓のためには、どのような学問領域の成果でも利用する必要があります。

大学での勉強に当たっては、このような学問全般についての柔軟な考えを自分の中に作って行くことが必要です。皆さんのカリキュラムの中には、学問について広い視野をもっていただくための新しい工夫がいろいろと盛り込まれています。このことについては、いろいろな機会にガイダンスがあります。しかし、大学の講義を、今までのように、よく整理された知識を受け取るという態度で受け止めていたのでは、あの先生は、まだ習っていないことを使ったというような不満だけが残って、未知の世界を指し示そうとする先生の意図が理解できません。わからないことは自分で勉強するという意気込みが必要です。また、先生は、そのために何を勉強したらよいかという質問には、喜んで答えて下さるはずです。

勉強について、受け身ではいけないという話をしましたが、生活全般についても同じことを強調したいと思います。人間は、一人で暮らしているのではなく、いろいろな繋がりを通じてお互いに影響を及ぼしあって生きています。人と積極的にいろいろな接触をすることによって、自分が社会で果たす役割が作られて行くわけです。もちろん、高等学校までで、すでに、十分に積極的な生活を展開している人もあるでしょうが、大部分の人にとっては、この大学生活の時期が、勉強でも、その他でも、受け身でない生活を構築して行くまたとない期間です。受け身でない生活を通じてこそ、他人の思考、他人の心の痛みも理解できるようになります。また、大学生活を楽しく送るということも大切なことです。楽しいということは、人と感激を共有したり、自分が積極的に何かをなし遂げるということと密接に関連しています。楽しいことは、受け身の生活からは生まれません。

皆さんが、これから四年後あるいは六年後に、磨ぎ上げた人格と自ら構築した学識をもって卒業される日まで、有意義に、そして、楽しく大学生活を送られることを祈念して、私の話を終わります。

平成六年度卒業式式辞「混迷は希望を生む」

皆さん、卒業おめでとう。

皆さんが人生の新しい区切りに門出する今日は、私たちも毎年大きな感激をもって迎える日です。

皆さんの学業が大詰めに近づいた今年の一月十七日に、阪神・淡路の大震災という全く思いがけない出来事がありました。皆さんの中には、ご自身やご家族が被災され、また、住居や研究室等に被害を受けられた方がかなり多数おられますことでしょう。心からお見舞いを申し上げるとともに、その後卒業までに様々な困難を乗り越えられた努力に敬意を表します。また、被災者救助、復興援助にボランティア活動された方々も多いことでしょう。その経験を今後の社会で生かされることを心から念願します。

今回の地震は、地球に秘められたエネルギーの大きさとその暴力をまざまざとみせつけました。同時に我々が構築してきた様々な人間社会のシステムが、このような文字通りの不測の事態に、適切に対処できないことが多々あることも改めて感じさせられました。我々は山や海に出かけたときは、自然の壮大さを感じ畏敬の念をもつこともありますが、都会に暮らしているときは、我々の営みが自然を征服したような錯覚に陥っていました。また、地震後でも、人間が究極において自然を制御できる、あるいは、制御できなければならないと想定した議論が見受けられます。自然のエネルギーという意味では、昨年の七月十六日から始まったシューメーカー・レヴィ9彗星の木星への衝突は、最大級の地震の一万倍のエネルギーが放出される自然災害が地球を襲うこともありうることを示しました。我々はいかなる場合でも災害を少なくする努力を重ねるべきであり、また、大自然の変化の機構についての理解を深めることに努めるべきでありますが、同時に、この宇宙における人間の存在と能力の小ささを意識することも必要であります。

この五十年、日本は地震学的に、全体としては非常に平穏な時期を送ったといわれます。人間社会という意味でも、まことに平穏であったといってもよいでありましょう。しかしながら、二十世紀が過ぎようとしているこの時期、我が国の経済社会は何となく波乱を予期させるような混迷した雰囲気を感じさせます。しかし、今日若さにあふれた諸君のご卒業を迎え、我が国社会が皆さんの力で明るい希望に満ちた二十一世紀へと発展して行くことを確信できるように思いました。

若い皆さんにとっては、今日の混迷は明日の新しい発展への希望を約束するものであります。皆さんは、今日までいろいろな苦労はされたでしょうが、この大阪大学を卒業するという、現在の日本のシステムでは、順調な歩みを遂げられました。しかし、これからの人生がすべて既成のシステムに従ってセットされていると思わないでください。五十年前の戦争からの復興期は、混迷に満ちていましたが、個人個人の創意工夫が生きる機会にも満ちていました。その後の日本は混迷から脱して今日の発展を遂げましたが、その結果としていろいろなシステムが作り上げられました。私はそのシステムが必ずしも個人を抑圧しているとは思いませんが、社会全体としては、個人個人がシステムに頼る思考をすることに慣れてきている雰囲気がありま す。今日、政治と経済の低迷と、日本の場合には、それに加えて今回の震災が、システムに大なり小なり綻びを生じさせ、混迷を感じさせています。しかし、若い皆さんは、これを個人個人の思考の独立性がより尊重される時代の到来と明るくとらえることができます。

個人個人の努力は、ときには、多くの人々の共感をよびおこして大きいシステムの改革を生みます。また、努力が実を結ばないように見えるときでも将来の改革への素地を作って行きます。大阪大学の源流を作った適塾での緒方洪庵先生は、憂国の志を抱きつつ、自らの創意で、医療と蘭学を通じた若者の教育に心血を注がれました。この若者たちが明治維新への道の建設に大きく貢献したことはよく知られています。

皆さんは、今までにいろいろな知識を吸収してこられました。しかし、見たり聞いたりしただけの知識は、まだ本物ではありません。実際に事に当たってその知識を応用して、はじめて本当に自分のものになります。このことは、卒業研究とか、あるいは、ボランティア活動で実感された人も多いことでしょう。また、皆さんが今までに獲得した知識はごく基本的なことで、実際の活動に当たっては一から学び直すことが必要な場合も多いでしょう。このようなことから大学で学んだことは役に立たなかったという感想を述べる社会人があることも事実です。皆さんが大学で学んだことが、単なる知識であったとすれば、そのような知識は年月の経過とともに役に立たなくなる部分があることは当然であります。皆さんは大学で、意識的にせよ、無意識的にせよ、もっと大切なことを身につけていると思います。皆さんが先人たちの研究の成果を理解するためには、皆さん自身がいろいろと思考をめぐらせることが必要でありました。このような努力が、皆さんの思考の幅を広げ、多角的に物事を考えることを可能にします。

物事を多角的に考えることができるということは、独創的なアイデアを生む素地でありま す。同時に、他人の独創性を認識し、尊重することにもなります。二十世紀後半の日本の社会は、平等性を尊重した文化を発展させたといってもよいと思いますが、その反面、何事もシステム化されて一定のパターンを作り上げる傾向がありました。前にも強調しましたように今日の混迷は、そのようなシステム化の限界を感じさせるものでありますが、皆さんの豊かな発想力と若い力によって、二十一世紀の日本の社会がこの度の災害をはねかえし、さらに今後に予想される幾つかの災害も克服して、一段と水準の高い文化をもつようになることを確信しています。

最後に、皆さんそれぞれのこれからの人生がご多幸であることを祈念して私の挨拶を終わります。

平成六年度大学院学位記授与式式辞

まず最初に、永年の研鑽の結実として、皆さんが本日学位を取得されましたことを、心からお祝い申し上げます。

今年の一月十七日に、阪神・淡路を襲った大震災は、全く思いがけない出来事でありました。皆さんの内で、ご自身やご家族が被災され、あるいは、住居や研究室等に被害を受けられた方に心からお見舞い申し上げます。また、被災者救助、復興援助にボランティア活動された方々もあるかと存じます。その他地震が皆さんの研究活動に様々な影響を与えたと存じますが、それを乗り越えて今日に漕ぎ着けられたご努力に深く敬意を表します。

皆さんのご専攻分野は多岐にわたっていて、分野によって研究のあり方も異なり、ひいては学位取得までの年数も自ずから差異があります。ここでは、自然科学の分野で大学院の課程を修了された若い方々を念頭において、研究についていささかの感想を述べて式辞と致します。

最近は、日本の各界での研究の意義について認識が深まっています。典型的な論調は、先進諸国の科学技術に追い着こうという時代は過ぎて、今や日本は未知の新しい学術研究へ進む先頭集団の中にいるので、フロントランナーの自覚をもたねばならないということでしょう。しかし、研究を一本道を走るマラソンにたとえるには無理があるので、実際には道がさだかでないことを強調する必要があります。研究においてはいつでも先頭を切って走るフロントランナーの心積もりでいなければなりませんが、問題はどの方向に向かって走るかということであって、その選択によって独創的な成果が得られるかどうかが決まります。

最近、アメリカでは、strategic research（戦略的思考に基づいた研究というべきでしょうか）ということが強調されています。これと対比されるのが curiosity-driven research（好奇心に基づく研究）であります。Strategic research を重視せよという声の背景は、今まで全方位的にあらゆる研究に研究費を支出してきたことを改めて、今後はアメリカの繁栄に貢献する研究を重点的に取り上げようという議論のようです。私は研究に strategy が必要であるということと、curiosity に基づく自由な研究ということが必ずしも矛盾するものではないと思いますので、アメリカの議論に立ち入るつもりはありません。ただ、この議論が日本では、一定のプロジェクトに従って展開される研究が strategic であるという理解に変容していくことを警戒しています。

前に述べた後続集団的な思考では、先進諸国での研究を参考にすれば目標は自ずからはっきりと決まると考えがちであります。そうなると、後はその目標へ突っ走るプロジェクトが大切だということになります。実際には、研究は、その目標の選定に難しさがあり、そこで独創性をもった strategy が必要になります。学位を取得したことで、皆さんの研究能力は証明されました。この点は自信をもってください。しかし、次の研究にとりかかるときは、基本に立ち帰って、あらゆる疑問をまず吟味してみてください。この疑問を抱くことを curiosity といってもよいと思います。その上でいろいろな意味で strategy を立ててこそ、独創的な研究が生まれます。プロジェクトに従事していても、常に新しいプロジェクトを生むことを考えることが大切であります。

二十一世紀の日本の社会は、今までよりもシステムの自由度が広がって、システムへの順応性よりも個人個人の能力が一層に尊重される方向に進むといわれています。学位取得というハードルを飛び越えられた皆さんが、その才能を伸び伸びと展開されることこそ、日本の明るい未来を保証するものでありましょう。今後の御仕事のご発展とご自身およびご家族のご多幸を祈念して、私の式辞を終わります。

平成七年度入学式告辞「大学生活で身につけること」

皆さん、入学おめでとう。大阪大学を代表して、皆さんを心から歓迎します。大学は、毎年新しい人たちを受け入れることで、新風が吹き込まれます。若々しい皆さんを迎えて、大阪大学の活力がますます増して行くことでありましょう。

大阪大学は、十八世紀の懐徳堂、十九世紀の適塾という、大阪が誇りとする二つの学校を継承しているという他の大学にない特徴があります。十八世紀、大阪は日本の経済の中心であると同時に、一七二四年に五人の町人によって創設された懐徳堂という学校を中心にして、多くのすぐれた学者が集まった都市でもありました。大阪で展開された独創的で開明的な思想が幕末から始まる日本の近代化への準備をしたことが、最近の研究で明らかになってきています。懐徳堂に関係した独創的な思想家として、中井竹山、中井履軒、富永仲基、山片蟠桃等の名を挙げることができますが、山片蟠桃は大阪府、大阪市が日本文化を海外に紹介したすぐれた研究者におくる山片蟠桃賞で、その名を聞いた人もあるでしょう。懐徳堂の建物は残っていませんが、その蔵書・遺品は大阪大学文学部に保管されています。大阪大学は、公開講座等を通じて懐徳堂の諸活動の継承や普及に努力しています。

一方、適塾は、偉大な教育者であり、医師であった緒方洪庵先生によって、一八三八年に創設されました。適塾では、福沢諭吉、大村益次郎その他大勢の先覚者が、西洋の科学を学び、近代日本の建設に大きく貢献しました。緒方先生、適塾、そしてそこで学んだ塾生たちの時代の動向を見通した先見性は、今更強調するまでもないことでしょう。適塾の建物は現在でも大阪市内の北浜に保存されていて、大阪大学が管理しています。公開されていますから、皆さんも在学中に是非訪れて、幕末の激動期にここに集まった優れた若者たちの情熱を偲んでください。

適塾は、その後幾多の変遷を経て、府立大阪医科大学に発展しました。昭和六年に、この大阪医科大学を母体にして、大阪帝国大学が誕生しました。医学部と新設された理学部、それに官立大阪工業大学を工学部として加え、三学部でスタートしたわけです。以後、大阪大学は、各方面で活躍している多くの人物を生み、また、多くの分野で新しい学問の創造に貢献してきました。その一つの例が新設の理学部です。理学部は少壮気鋭の科学者を集めて、数学、物理学、化学の分野で日本の近代科学の中心となりました。湯川秀樹博士も、阪大理学部に講師、助教授として在職されている間に、日本で最初のノーベル賞受賞となった中間子論の研究をされました。また、大阪大学はこのようなめざましい多くの研究・教育の成果を基礎にして、今日の規模に成長してきており、また、入学者の数をとってみても発足当初は二五六名に過ぎませんでしたが、本日、十学部で、合計二九二一名の皆さんを迎えるに至っています。

皆さんはこのような大阪大学で、これから四年ないしは六年の学部学生の勉学を始められるわけですが、その門出に当たって、大学生活で身につけてほしいことを述べたいと思います。皆さんは、大学ではまず知識の獲得を考えていることでしょう。これについてはいろいろなメニューが用意されていることはすでに承知されていることと思います。私がここで皆さんが大学生活を通じて身につけてほしいことというのは、この知識をいわば生きたものにするための生命力というべきものです。それを想像力と気概と表現します。

想像力とは英語の imagination の訳で、構想力といった方がよいかも知れません。カント哲学では難しい意味づけをしますが、ここではいろいろな事柄を総合して image を作る能力と素直に考えてください。近ごろ、日本人はシステム順応型で個性が表に出ないとか、独創性が足りないといった指摘がなされ、あるいは、産業技術の面では、独創的な技術の開発の必要性が説かれることが多いようです。私はかなりの部分は、本当はカラフルな日本人をモノクロに見えるように色眼鏡をかけて見た議論で、無理にある概念を押しつけようとする、それ自身独創性に乏しい発想に基づいた議論であると思っています。科学技術の面でも、日本人の創意が画期的な発展をもたらしている例を多く挙げることができます。ただ、短い歴史の間に追い着いた後発国の悲しさで、一つには、独創的に考えたことでも似たような例がすでに過去になされていることがあること、また、一方では、追い着くためには、既成の知識を手っ取り早く利用することが一番であるという考えが定着していたことは否めません。独創的なことを見つけることは、決して棚からぼた餅が落ちるのを待つことではありません。それには、やはり基本的な学習、あるいは心構えというものが必要です。私は、そのためには、何事についても、自分の中でイメージを作り上げることが大切であると考えています。皆さんが講義を聞かれたとき、単に知識を受け取るのでは無く、それを基にして自分としてのイメージを構築すると、ときには、先生が述べたことと違った結論へ導かれることがあります。それは先生の考えのすべてを理解していないためであることもありますが、先生の考えていない新しい事柄を取り込んでいるときもあります。このようなプロセスから独創的な考えが生まれますが、そのためには、豊かな構想力を養わなければなりません。また、自分独自のイメージに基づいて、方々から知識を仕入れることも大切です。大学の全体のカリキュラムを、自分の想像力、構想力を伸ばすためであると思って、何を仕入れようかと思って眺めてください。

次に、皆さんが気概をもつこと、すなわち、物事に積極的に取り組む気力を養うことを希望します。これは、本学の名誉教授の横山保先生が最近書かれた「コンピュータの歴史」という本からの引用ですが、後にコンピュータの父といわれたチャールズ・バベッジ、有名な天文学者となったジョン・ハーシェル、代数のパイオニアであるジョージ・ピーコックの三人は同年齢のケンブリッジ大学の学生でしたが、一八一二年二十一歳のときにある協会を作って英国の科学技術の振興を目指して活動しました。たとえば、皆さんの知っている微分係数の表し方、dx/dt はニュートンのライバルであったライプニッツが始めたもので、ニュートンの記号とは違っていました。彼らは、ニュートンの権威に逆らって、数学的に優れているライプニッツの記号を英国で広める努力をしました。彼らの標榜した目的は、「我々が死ぬときには、我々が生まれたときよりは少しなりともよくしていこうではないか」であって、英語では「Do their best to leave the world wiser than they found it.」であったそうです。皆さんも、二十一世紀の日本のためにこのような気概をもってください。

皆さんが、これから四年後あるいは六年後に、豊かな構想力と気概をもって卒業される日まで、有意義に、そして、楽しく大学生活を送られることを祈念して、私の話を終わります。

平成七年度卒業式式辞「二十一世紀への希望」

皆さん、卒業おめでとう。

私たちは毎年大きな感激をもってこの卒業式を迎えています。若々しい皆さんが無事学業を終えられ、新しい力として社会に参加される門出を見送ることができるのは、我々大学に職を奉じるものにとっては一番の喜びであります。また、皆さんが先頭にたって人類の未来を切拓いて行く日を夢見て、二十一世紀への希望を明るくもちたいと思っています。

昨年から今年にかけて、阪神・淡路大震災をはじめ日本の社会を揺るがす様々な事件があり、混迷が続いています。私のように年を取った者は、慣れ親しんだシステムが幾つかの不都合な結果を招いたり、無力さを露呈したことに不安を抱きがちですが、若い皆さんは、このような混迷は社会全体のシステムが活性を取り戻すための過程であると明るく受け止めていただきたいと思います。皆さんは今日までいろいろな苦労はされたでしょうが、この大阪大学を卒業するという、現在の日本の社会システムでは、順調といえる歩みを遂げられました。しかし、これから二十一世紀へかけての皆さんの生涯では、皆さん方自身の努力によって日本の社会が変わって行くことになります。

私が皆さんの年齢であった頃は戦争からの復興期で混乱が随所にありました。しかし、一方では、個人個人の創意工夫が生きる機会にも満ちていました。混乱は望ましいことではありませんが、進歩を生む変化が許されることは歓迎するべきことです。言い換えれば、社会の健全な発展にとって必要なことは、創意工夫を生かす自由闊達な雰囲気であります。さらにこの自由闊達な風潮を維持するには、構成員それぞれが清潔な倫理観をもつことが必要であるように思います。ここで、私が皆さんにもっている期待の一端を述べて、前途のはなむけの言葉としま す。

クラーク博士で有名な札幌農学校の第一期生で、キリスト教信者であり思想家であった内村鑑三氏の有名な講演に「後世への最大遺物」と題するものがあります。岩波文庫に収められていますから詳しくは原著を参照してください。この講演は、人間が後世に遺すことができるものは金とか事業とか著作とかいろいろある。しかし、これらのものは世の中に利益をもたらすこともあれば、害も与えることもある。しかし誰でも遺すことができて、しかも害のない遺物がある。それは「勇ましい高尚なる生涯」であると説いています。

皆さんはこれからの長い人生でいろいろなことに遭遇することでしょう。そのなかには、ささやかなことでも皆さんがある決断をすることが他の人々に影響を与える機会が必ずあります。そのときに思い出していただきたいためにこの言葉を引用しました。皆さんがその決断によってなし遂げたことは、すべてが後世の世の中に利益をもたらすとは限らない。あるいは、自分の思うほどに後世評価されるとは限らない。しかし、どのような場合でも、勇気をもって事に当たり、金銭、名声、権力その他自分の目先の利益になることを第一に考えないで、世の中のために最善と信じることを行う生涯こそが高尚な生涯です。

このような高尚な生涯を送ろうという志は、制度によって保証されるものではありません。どのような制度でもそれをかいくぐって本来の目的が達成されないようにすることは可能であります。社会のシステムが巧く機能するためには、その随所に高尚な志が籠っていなければなりません。近ごろの様々な不祥事は、システムが原因というよりも、自分の事業、自分の金、自分の影響力など後世人に害を与えるかもしれないことに執着して、高い志を忘れたかあるいは元来もっていなかった人が増えたためでしょう。

この大阪大学は、研究の面では、日本で一番活気に溢れた大学の一つです。皆さんも高学年になってその一端に触れられたことでありましょう。しかし、大学の名声のもう一つの側面は、その大学がどのような卒業生を送り出したかということです。過去において幾多の先輩がその高尚な生涯によって大阪大学の名声を築いて来られました。大阪大学が、意欲に満ちて個性的な、その上に、「勇ましい高尚な生涯」を目指す卒業生を送り続けて、二十一世紀にさらなる発展を遂げることが私たちの念願であります。皆さんの二十一世紀における生涯が、希望に溢れた社会を作り上げることに貢献し、大阪大学の新しい歴史を飾っていただくことを祈念して私の式辞を終わります。

平成七年度大学院学位記授与式式辞

まず最初に、皆さんが永年の研鑽の結果、本日学位を取得されましたことを、心からお祝い申し上げます。

皆さんのご専攻は多岐にわたっていて、分野によって研究のあり方も異なり、ひいては学位取得までの年月も自ずから差異があります。私がよく知らない分野についても適切な話をする自信はありませんので、これからの話は、自然科学の分野で大学院の課程を修了された若い方々を念頭においていることをあらかじめお断りしておきます。

最近は、日本の各界で独創的な研究を待望する声が高くなっています。これまでは、先進諸国の科学技術を目標にし、それを改良して追い越すという戦略が大きな成功を収めたが、その成功がいつまでも続くものではないことが、認識されるようになったのが大きな理由の一つでありましょう。二番手につけているということは、産業技術に限ったことでなく、基礎科学においても事情は似ています。他方、二十世紀に大きく進歩した科学が、最近になって今までの方法だけでは壁に打ち当たるのではないかという予想が広がってきています。このような立場からも、二十一世紀での未知の新しい科学技術の発展には、いま迄二番手であった我が国が、先頭集団の中から抜け出てフロントランナーとなる自覚をもたねばならないといえましょう。しかし、研究を一本道を走るマラソンにたとえるのには無理があって、実際には道がさだかでないことを強調する必要があります。研究ではいつも先頭を切って走るフロントランナーのつもりでいなければなりませんが、問題はどの方向に向かって走るかということであって、その選択に独創性の秘密があります。

皆さんは、これまでの研究の過程で、そのような独創的な着想を経験されていると考えておられる方が多いことでしょう。しかし、大部分の方は、その研究の方向については指導者の指し示した方向、あるいはそのような方向が明示されなくても研究室や研究グループの研究の方向に向けてスタートされたと思います。この次の課題は、自ら研究の方向を考え出して行くことです。そこでもっとスケールの大きい独創性を発揮するチャンスが生まれます。そこで、皆さんへのはなむけとして、ノーベル賞受賞者である江崎玲於奈氏が述べられた独創性を発揮するためにしてはならない五つのRuleを紹介しましょう。Rule No.1は「過去の経験にとらわれてはならない」です。Rule No.2は、「あなたの分野のどのような権威も過度に尊重してはならない」です。Rule No.3は「本当に必要な情報だけを保持して、必要でないことにこだわってはならない」です。Rule No.4は「対決をさけてはならない」、Rule No.5は「子供のときの好奇心を忘れてはならない」です。

二十一世紀の日本の社会は、今までよりもシステムの自由度が広がって、システム順応性よりも個人個人の能力が一層に尊重される方向に進むといわれています。江崎さんのルールを心がけても、職を失うようなことにはならないでしょう。またもう一つ大切なことは、後輩の人の独創性を尊重することで、後輩が江崎さんのルールに従って行動しても怒らないことです。それから、このようなルールを守っているだけでは独創的な考えは浮かびません。独創的な考え自体は、様々な知恵というか英語ではウィットを働かせながらひたすらに考えることから生まれます。そのような努力のなかで、自分の考えを狭めるような制限を自ら課していないかを考える必要があります。そのとき、江崎さんのルールを思い出してください。

学位取得というハードルを跳び越えられた皆さんが、その才能を伸び伸びと展開されることこそ、日本の明るい未来を保証するものでありましょう。今後の御仕事のご発展とご自身およびご家族のご多幸を祈念して、私の式辞を終わります。

平成八年度入学式告辞「大学とは」

皆さん、入学おめでとう。大阪大学を代表して、皆さんを心から歓迎します。入学式で若々しい皆さんを見ると、大阪大学に毎年こうして新しい活力が加わって行くのだという喜びをしみじみと感じます。

大阪大学は、十八世紀の懐徳堂、十九世紀の適塾という、大阪が誇りとする二つの学校を継承しているという他の大学にない特徴があります。しかし、皆さんはそんな古い学校のことを言われてもという感想をもたれるかもしれません。一七二四年に五人の町人によって創設された懐徳堂については、我々はそこで展開された思想が独創的であり、合理的なもので、幕末から始まる日本の近代化への準備をしたことを誇りに思っています。私にはその内容を紹介する能力はありませんが、懐徳堂が学則に「書生の交は貴賤貧富を論ぜず同輩たるべき事」と述べて封建時代を超越した見識をもっていたことや、人間の道徳の問題と自然の研究を明確に区別して合理的な思想を展開し根拠のない迷信を否定したことはもっと知られていてもよいことと思っています。懐徳堂の建物は残っていませんが、その蔵書・遺品は大阪大学文学部に保管され、公開講座等を通じて懐徳堂の諸活動の継承や普及に努力しています。

一方、適塾は、偉大な教育者であり、医師であった緒方洪庵によって、一八三八年に創設されました。適塾では、福沢諭吉、大村益次郎その他大勢の先覚者が、西洋の科学を学び、近代日本の建設に大きく貢献しました。適塾の建物は現在でも大阪市内の北浜に保存されていて、大阪大学が管理しています。公開されていますから、皆さんも在学中に是非訪れて、幕末の激動期の優れた若者たちの情熱を偲んでください。

適塾の伝統は本学医学部の前身である府立大阪医科大学に継承されました。昭和六年に、この大阪医科大学を母体にして、大阪帝国大学が誕生しました。医学部と新設された理学部、それに官立大阪工業大学を工学部として加え、三学部でスタートしましたが入学者の数は発足当初は二六五名に過ぎませんでした。なお、本日は十学部で、合計二九四〇名の皆さんを迎えていることを付け加えておきましょう。発足以後大阪大学はこのように大きく発展し、各方面で活躍している多くの人物を生み、また、多くの分野で新しい学門の創造に貢献してきました。その一つの例が新設の理学部です。理学部は少壮気鋭の科学者を集めて、数学、物理学、化学の分野で日本の近代科学の中心となりました。湯川秀樹博士も、阪大理学部に講師、助教授として在職されている間に、日本で最初のノーベル賞受賞となった中間子論の研究をされました。

皆さんはこの大阪大学で、これから四年ないしは六年の学部学生の勉学を始めるわけですが、大学とは何かということを改めて考えてみましょう。皆さんは、大学は教えてくれるところであると当然考えていると思います。実際皆さんの勉強についてはいろいろなメニューが用意されていることはすでに承知さていることと思います。しかし、単に知識を獲得するだけであれば、今日では大学でなくともいろいろな勉強が可能な施設があります。先程、大阪大学は大きく発展したと言いましたが、現在は十の学部と外国語と外国の文化の教育研究を行う言語文化部、健康と体育の教育研究を行う健康体育部に加えて、十二の大学院研究科、五つの研究所、十七にのぼるセンター等の名称で呼ばれる研究や教育のための組織で構成されています。ここで皆さんが、大阪大学では教育に並んで研究が強調されていることに気づかれるでしょう。

研究は何のためにあるのでしょうか。またそれと教育とはどのような関係にあるのでしょうか。研究は人類が今まで積み上げてきた知的資産に新しいものを付け加えようという努力であります。大学というのは、そのような知的資産を継承し次の世代に伝えていく役目を担っていますが、そのためには次の世代への受け渡しと同時に絶えず新しい知識を求めて蓄積する努力も必要です。これが大学で教育と研究が同時に行われている理由ですが、その場合に教育は学生がそれぞれの分野で十分な知識を獲得するだけではなく、人類の知的資産を形成して行く努力を目の当たりに見て、その意義を理解することを目指しています。

我々は皆さんの大部分は将来研究者の道を歩むとは思っていません。しかし、どのような職業につかれても、新しいことを評価し、変化に対応する心構えが求められます。また人類の知的資産を大切にしその内容を改善して行く努力の意義を正しく認識することが必要です。皆さんは、知識を受け取るというだけではなく、それを形成するため費やされた努力を理解することに努めてください。皆さんのカリキュラムのなかには、基礎セミナーという科目がありま す。ここでは、先生方の研究に掛けられる情熱を知ることができるはずです。

研究ということに関連して、二、三の最近のトピックスに触れましょう。一つは昨年七月十六日から始まったシューメーカー・レヴィ9と呼ばれる彗星の木星への衝突です。この事件は最大級の地震の一万倍のエネルギーが放出される自然災害が地球を襲うこともありうることを示しました。しかし、日本ではこの事件の意味はあまり深く受け止められないで、遠い遠い世界の出来事で物好きな天文マニアだけの関心事のように取り扱われました。しかし、アメリカでは議会が直ちに地球に衝突する恐れのある小惑星の調査を開始するための予算の支出を決めました。アメリカの議会は予算の削減に熱心で、ともすると自然科学の研究に無理解のような印象を与えていますが、実際には人類の未来に関わる事へは深い理解をもっているようです。もう一つは昨年からのサリンその他の事件についてです。本学の卒業生もこの事件に深く関わっていたことは大変遺憾なことでありますが、ここで申し上げたいのは、一部で事件の容疑者たちが自然科学の研究からそのような犯罪を犯すようになったといわれていることは全く間違っているということです。最初にも言いましたように、研究は人類の知識を増進させるために新しいことを追い求めますが、容疑者たちのしたことはすでにわかっていることを悪用しようとしたことで、はじめから研究の名に値しません。科学者は未知のものを追求しますが、反面それがもたらす結果については、厳しい倫理感をもっているのが普通です。

大阪大学は人文科学、社会科学、自然科学、工学いずれの分野でも活発な研究が行われています。諸君は、知識を獲得するだけでなく、人類の知的資産を継承し発展させている現場を見て理解することに努めれば、大阪大学に入学したことがもっと嬉しくなるはずです。そのためには諸君も受け身ではなく積極的に先生方に働きかける必要があります。かつて私は、入学式の挨拶で「授業のとき、大きい声で質問をしなさい」と言いました。今年もそれを繰り返したいと思います。

皆さんが、これから四年あるいは六年の後に、楽しく大学生活を送られながら大学の意義も深く理解されて、日本の将来を担うべく社会に巣立たれることを祈念して、私の話を終わります。

平成八年度卒業式式辞「大学生活の意義」

皆さん卒業おめでとう。

今日は皆さんの人生の一つの大きな節目の日です。米国では卒業式のことをコメンスメントといいます。コメンスメントというのは始まりという意味で、それが卒業式に使われるのはなかなか言いえて妙という感じです。今日から皆さんの新しい生活が始まります。この意義深い日をお祝いできるのは、我々教職員にとっても大きな喜びであります。

昨今、狭いサークルの利害だけを考えた、談合体質ともいうべきものに根ざした幾つかの不正が発覚しています。しかし、これらの事件がもたらした混迷は、社会全体が公正さと活力を取り戻すための過程であると明るく受け止めることができます。これから二十一世紀へかけての皆さんの生涯では、皆さん方自身の努力によって日本の社会が変わっていくことになります。私が皆さんの年齢であった頃は、戦争からの復興期で混乱が随所にありました。しかし、一方では、個人個人の創意工夫が生かされる機会にも満ちていました。混乱は望ましいことではありませんが、進歩を生む変化が許されることは歓迎するべきことです。言い換えれば、社会の健全な発展にとって必要なことは、創意工夫を生かす自由闊達な雰囲気であります。さらにこの自由闊達な風潮を維持するには、構成員それぞれが清潔な倫理観をもつことが必要であるように思います。我々年長の世代が努力することは当然ですが、皆さんも皆さんのフレッシュな感覚が社会全体の透明度を高めることを大いに期待されていることを自覚してください。ここに、皆さんの前途へのはなむけの言葉として、皆さんが大学で勉強したことの意義について私の意見を述べたいと思います。

皆さんの多くは、明日以後はこの大阪大学から離れることになります。しかし、様々な意味でこの大阪大学との関係を保っていただきたいと思います。一つには、卒業したこの大阪大学に大きな誇りをもってほしいということであります。誇りをもつということは、決して自慢をするということではなく、心の支えとすることであります。これからの人生で幾たびかは自分の生き方として何が正しいか判断に迷うことがあります。そのとき、純粋に物事を考えることができた大学時代を思い出してほしいと思います。立派な大学を出たとか、あるいは充実した教育を受けたという意味で自分の卒業した大学を誇りとすることもあるでしょうが、それだけではつまらない自慢の種にするだけのことです。むしろ、身を処するときに、誰にも堂々と説明できる判断を下す下地を大学時代に獲得したことを心の支えとしてください。これからの日本の社会は、そのように心に柱をもつ人を必要としています。

さらに、皆さんに何が本物で何が贋物かを見分ける見識を養ってほしいということを付け加えたいと思います。今日、情報ということの大切さが広く認識されるようになりました。同時に、根拠のない情報を積み上げた虚像が横行する時代でもあります。巧みに構築された虚像と本物を見分けることは、容易なことではありません。結局、一つ一つの情報の背後にそれを作り出すためにどのような努力が払われたかを感じとることで真贋を見分けることにつきるのではないでしょうか。それを感じとるためには、真実の情報を作り出すために払われる努力を理解することであります。また、自ら苦心して真実の情報を作り上げる経験を積むことでありま す。その手始めとして、皆さんは大学で研究の一端に触れられました。研究こそ真実の情報を作り出すための努力の典型であります。この大阪大学は、研究の面では日本で一番活気に溢れた大学の一つです。皆さんが真贋を見極める見識を獲得するためには、まだまだ経験が必要であると思いますが、折に触れて大学での勉学を思い出してください。大学での勉強の究極の意義の一つは、真贋を見極める見識を身につける準備であるというのが私の言いたいことです。

大学の名声は、その大学がどのような卒業生を送り出したかということに大きく依存しています。過去において、幾多の先輩が公正な判断、勇気に満ちた行動、さらには真実を求める努力によって大阪大学の名声を築いて来られました。大阪大学が、意欲に満ちた個性的な卒業生を送り続け、二十一世紀にさらなる発展を遂げることが私たちの念願であります。皆さんの前途のご多幸を祈りますとともに、皆さんが二十一世紀において、大阪大学の、そして日本の歴史を飾っていただくことを祈念して私の式辞を終わります。

平成八年度大学院学位記授与式式辞

本日、修士および博士の学位を授与された方々に、大阪大学を代表して心からお祝いを申し上げます。

学位獲得は、皆さんの人生にとって一つの区切りであることはいうまでもありませんが、何よりも学位論文の完成によって研究の一つの段階を完成させたということが大きな意義をもっています。研究のあり方は、分野によって様々であり、また学位そのもののあり方も分野によって異なることは事実であります。しかし、何事も完成させるということと、完成への途中にあるということとは、大げさにいえば、天地の開きがあります。本日その完成の喜びをご家族、友人、教職員とともにお祝いできるのは、私にとっても大変嬉しいことであります。

皆さんの中には、学位を獲得された後も研究生活を続けられる方もあれば、生活の上でも大きな変化が待ち受けている方もあると思います。いずれにせよ、皆さんの今後は、本日受けられた学位があるという点でこれまでと違った面があります。今日では、学位は昔ほど重みはないともいえます。しかし、私は今後これまでのような権威とか名誉とかとは違った意味で、社会において学位が実質的に意味をもってくるのではないかという考えをもっていますので、その内容を少し詳しく述べたいと思います。

最近、ＯＥＣＤの委託研究で、先進工業国での科学および技術についての意識調査が行われました。それによると、科学および技術について自分が知識をもっていると自覚している人の割合、また関心があると思っている人の割合が、先進工業国の中では日本が最低であるという結果が報告されています。これについては、調査方法等に問題なしとはしないという意見もあるようですが、日本の社会の特徴を表しているようにも受け取れます。

私は、この結果は、日本社会の学問に対する関心度の低さを反映しているのではないかという意見です。これを裏づけているもう一つの事実は、日本の場合、大学進学率は大変高いが、大学院への進学率は先進工業国の中では低いということです。先ほど述べましたＯＥＣＤの調査は、自然科学系の分野を対象にしていますが、実は、もし社会科学や人文科学について同じ調査をしても関心をもっている人の割合は、日本が一番低いという結果になるのではないかと心配しています。

学問に対する関心のレベルという意味で、もう一つ例を挙げますと、木星にシューメーカーレヴィ９彗星が衝突して以来、小惑星ないしは彗星が地球に大規模な災害を及ぼす可能性についてアメリカの議会およびヨーロッパ連合の議会では、論議が行われています。また、クローン羊の成功については、アメリカ政府はいち早く反応を示しています。日本の議会なり政府なりが科学の個々の発見発明に、その意義について素早い理解を示した例に乏しいのは、やはり社会全体の意識のレベルの低さの反映でありましょう。

皆さんが経験されましたように、研究は真実を求めての努力の積み重ねであります。たとえ日常生活でハイテクノロジーの成果を十二分に利用していても、その基礎の学問の意義が理解されることがないという社会は、世界の尊敬を集めることはないでありましょう。私は自然科学を専攻しましたので自然科学に関係した例のみを述べましたが、人文社会科学においても研究の意義の理解が少ないために、学問が社会のために使われていないという感想を抱かせる事件が多々あります。

そこで皆さんに申し上げたいのは、皆さんのように研究の意義を把握された方々の意見が、社会を動かすことがこれからの日本にとって大切なことであるということです。今日受けられた学位は、皆さんが学問研究に深い理解をもっていることの証明書であり、皆さんのご意見に重みを加えることになります。皆さんのこれからのご努力が、日本の社会を変えることを心から祈念する次第です。

最後に、皆さんがお仕事とご家庭の両面でますますご多幸であることを祈念して私の式辞を終わります。

平成九年度入学式告辞「大学で学ぶこと」

皆さん、入学おめでとう。大阪大学を代表して、皆さんを心から歓迎します。

入学式の私の挨拶では、まず大阪大学の歴史を簡単に紹介することを恒例にしています。大阪大学は、一九三一年五月一日の大阪帝国大学創立を大学としての歴史の始まりとしています。しかし、さらに遡りますと、十八世紀の懐徳堂、十九世紀の適塾という、大阪が誇りとする二つの由緒ある学校をルーツとしています。懐徳堂は、一七二四年に五人の町人によって創設されました。皆さんの中には、富永仲基、山片蟠桃、上田秋成などの名前を聞いた人もおられるでしょう。この人たちは懐徳堂に集まった文化人です。懐徳堂が学則に「書生の交は貴賤貧富を論ぜず同輩たるべき事」と述べて当時の封建時代を超越した見識を示していました。また、人間の道徳の問題と自然の研究を明確に区別して合理的な思想を展開し、今日テレビなどでもてはやされるおよそ根拠のない超能力や迷信をはっきりと否定していました。懐徳堂の建物は残っていませんが、その蔵書・遺品約四万点が大阪大学文学部に保管されています。大阪大学は、公開講座等を通じて懐徳堂の諸活動の継承や普及に努力しています。

懐徳堂の思想は、十九世紀後半に始まる日本の近代化を準備しましたが、一八三八年に創設された適塾は、もっと直接に日本の近代化の原動力となりました。適塾は、偉大な教育者であり、また伝染病と闘った偉大な医師であった緒方洪庵先生が若者に西洋の科学を教えるために創られた塾です。適塾は、福沢諭吉、大村益次郎その他大勢の先覚者を養成し、近代日本の建設に大きく貢献しました。適塾の建物は、現在でも大阪市内の北浜に保存されていて、大阪大学が管理しています。公開されていますから、皆さんも在学中に是非訪れて、幕末の激動期にここに集まった優れた若者たちの情熱を偲んでください。

適塾は、その後幾多の変遷を経て、府立大阪医科大学に発展しました。一九三一年に、この大阪医科大学を母体にして、大阪帝国大学が誕生したわけです。医科大学は医学部となり、それに新設された理学部を加え、さらに官立大阪工業大学を工学部として加えて三学部でスタートしましたが、入学者の数は発足当初は二六五名に過ぎませんでした。なお、本日は合計二九三二名の皆さんを迎えていることを付け加えておきましょう。発足以後大阪大学は、この入学者の増加が示すように大きく発展し、人文科学、自然科学のほとんど全分野の教育研究を行っています。現在では、十の学部、十二の大学院研究科、学部に準じた言語文化部、健康体育部、それに、五つの研究所、それに、大部分はやや規模の小さい研究所や教育組織である十九の共同利用施設と呼ばれる組織をもつ総合大学です。皆さんはこれからこれらの学部や研究所の歴史を聞く機会があるでしょうが、たとえば人間科学部、歯学部、薬学部のように我が国で最初、あるいは国立大学で最初の学部であるという、大阪大学が時代の先頭にたって新しい道を切り開いたことを示す例がたくさんあります。また、大阪大学は、多くの学問分野でめざましい研究をうみました。その一つの例が湯川秀樹博士の研究です。湯川博士は、阪大理学部に講師、助教授として在職されている間に、日本で最初のノーベル賞受賞となった中間子論の研究をされました。大阪大学の発展は、このようなめざましい研究・教育の成果を基礎にしています。

皆さんはこの大阪大学で、これから四年ないしは六年の学部学生としての勉学を始めるわけですが、大学で学ぶもの、あるいは学んでほしいものについての私の意見をこれから述べます。皆さんは、大学は教えてくれるところであると当然考えていると思います。実際皆さんの勉強については、いろいろなメニューが用意されていることはすでに承知されていることと思います。また、他の大学にさきがけてガイダンス室を設置して、皆さんがどのような科目を選んだらよいかという疑問にこたえる準備をしています。しかし、大学で学ぶということは単に知識を獲得するだけでしょうか?

ここで、フランスの数学者であり、哲学者であり、また天文学にも大きな貢献をしたポアンカレの言葉を引用します。「人が事実を用いて科学を作るのは、石を用いて家を造るようなものである。事実の集積が科学でないことは、石の集積が家でないのと同様である。」この言葉の本来の意味とは少し違いますが、私は皆さんが大学で学ぶということを、ポアンカレにならって家を造ることになぞらえたいと思います。講義を聞いて知識を集積するだけでは、本当に学んだことにはなりません。その知識を組み立てて自分の学問、すなわち家を作り上げることが学ぶということであります。もちろん、大学では、先生は単に断片的な知識を教えるのではなく、一つ一つの知識からどのように学問が作り上げていくかという道筋を示されます。それを理解することが、学ぶことの第一歩であります。しかし、それだけで止まってはなりません。皆さんは、自分の家を造らなければなりません。一つの講義についても、先生は先生なりの家の造り方を示されるでしょうが、講義の時間は限られています。先生は大筋を示されるだけで、皆さんは自分の頭の中で、自分の家、自分の学問体系を造り上げなければなりません。さらに皆さんは、一つの講義一つの実習だけでなく、多くの科目を学びます。これらをすべて利用して自分の学問を造り上げることから、いつのまにか、今まで誰も考えなかったことを自分が造り上げることもあります。もう一度ポアンカレの言葉を繰り返しましょう。「事実の集積が科学でないことは、石の集積が家でないのと同様である。」皆さん、大学で、石のような断片的知識を集めるだけでなく、自分の家を造りましょう。

今まで、私の言ったことはすべて勉強に関係したことのように受け取られたかもしれません。皆さんは、これからの四年間あるいは医学部医学科、歯学部では六年間、勉強以外でもいろいろな経験をされることでありましょう。友人との付き合い、部の活動、ボランティア活動等、皆さんの生活はこれまでよりも一層豊かな内容をもつことになるでしょう。これら一つ一つが、また皆さんの人格を造り上げる素材となります。先ほどは学問を家になぞらえましたが、学問も含めて皆さんの全人格を家にたとえることができます。勉強とそれ以外の活動から得られるすべてを、石ころの集積としないで、それらを用いて立派な家を、立派な人格を造り上げてください。

さらに、一言付け加えますと、なにごとにも積極的に取り組んでください。自分の学問を、自分の人格を造り上げるためには、自分ひとりの世界に閉じこもっていては進歩がありません。かつて私は、入学式の挨拶で、「授業のとき、大きい声で質問をしなさい」と言いました。質問をしようとすると、自然に自分の頭で考えるようになります。今年も、「授業のとき、大きい声で質問をしなさい」を繰り返して言います。

皆さんの大阪大学での生活が、楽しく実り多いものとなることを心から祈念して、私の告辞を終わります。

第四章　新春を迎えて

新春を迎えて　平成六年

新年おめでとうございます。

年の初めは、生活の大きな節目です。皆様方には、清々しく元旦を迎え、新しい年にそれぞれの思いを馳せられたことと存じます。

人間の社会は、平穏に見える日々の内にも変動の芽が育ちますが、一方激動の中にも新しい調和が形成されて発展していきます。この十年の間、大きく変わる世界の情勢の中で独り安定を保っているように見えた日本も、暫く忘れていた不況やお米の凶作の到来が前途を不透明にしています。しかし、これを新しい発展のための準備段階と明るく捉えることもできるでしょう。

国立大学は、この十年間、総体的には、施設、設備の費用が約半分にまで漸減するという冬の時期を過ごしてきましたが、昨年来、多くの方々の努力が実を結んで、明るい陽がさしてきたようです。昨年刊行しました大阪大学白書でその必要性を強調しました基盤施設や設備についても、総合情報通信システム（ODINS）、第二国際交流会館等が実現の運びとなり、その整備が緒についたように見えます。大阪大学は、昨年九月の病院の移転開院をもって、三十年来のキャンパス統合計画が一応終了しましたが、今後内容の充実に一層の努力が必要であると感じています。

将来、大きい変動が予想される社会の中で、大学の充実を訴えていくには、我々が力をあわせて教育・研究の発展を推進している実態が理解されることが支持を集める基礎となります。大阪大学でも、皆様方の努力によって、平成六年度から新しいカリキュラムが実施される運びとなりました。それに伴って、教養部改組、大学院国際公共政策研究科新設を含む新しい教育体制の整備も新年度予算で実現することが予定されています。今後は、学部および大学院での専門教育と研究の一層の充実に主眼を置いて、教育研究体制を整備することが大きい課題でありましょう。大阪大学の現在の制度には、多くの先達の優れた先見性が籠められていますが、他面、建物と同様に、発足のときの事情に基づく理想からの乖離や、数十年間時々の必要に応じて加えられた拡張修正が集積していて、この際、未来に向けての再構築を検討する余地が全くないとはいえません。改革に当たって混乱を招くことは避けなければなりませんが、常に「草創期に在り続ける」大阪大学の伝統を、この変動期にこそ意識するべきであると考えております。

以上、所懐の一端を述べて新年のご挨拶としました。最後に、皆様方のご多幸を心から祈念いたします。

新春を迎えて　平成七年

新年おめでとうございます。

皆様方には、清々しく元旦をお迎えになられたことと存じます。

一昨年に引き続いて、昨年も国内外の政治は混迷の様相を深めていましたが、一般的にいえば、既成のいろいろな仕組みが社会の多様な発展に対応しきれなくなったための矛盾が顕在化したためでありましょう。しかし、日本の場合には、幸いなことに、現状を出発点として前進を重ねることで明るい未来が建設できるという希望に満ちて、新しい年を迎えることができます。

政治はともかく、日本の経済はゆるやかに回復してきたようです。しかし、今までの経済発展を支えてきたシステムの見直しが、各方面で提唱されています。これからは、社会のあらゆる面で、専門知識の上に立った新しい創造的な思考が要求される傾向が強くなるように思われます。大学について改革を求める声の背景にも、不透明な前途を切り拓いてくれる人々が多く現れることへの期待が籠っています。

このような社会の要請に応えるためには、大学は、地球全体を視野に収めて、知識と創造性を具えた人物を養成し、同時に人類の未来を支える新しい研究の発展を図っていかねばなりません。昨年の入学生から始まった新しいカリキュラムも、今まで学部の付属物のように位置づけられていた大学院をもっと重視しようという改革も、また、大学院国際公共政策研究科や留学生センター等の新しい部局の創設も、このような方向に沿った努力であります。国の予算には限りがありますので、各部局からの建設的な提案や諸施設の整備がすべて実現するわけではありませんが、大阪大学では、着実に二十一世紀に向けての新しい大学作りへの努力が実を結んでいます。ここで昨年から今年にかけての新しい発展を一々述べることは省略しますが、関係者のご努力に厚く感謝の意を表します。

新しい組織が作られても、また、新しい建物が完成しても、教育・研究は、教育者、研究者、それをサポートする人々、学生等のすべての人々の努力の積み重ねによって内容が作られます。皆様方の、それぞれの持ち場での未来に向けてのご努力が、今年も大阪大学を大きく発展させることでありましょう。私も、一層の努力を傾注することを改めて期している次第です。

最後に、皆様方およびご家族のご多幸を心から祈念して新年のご挨拶とします。

新春を迎えて　平成八年

多くの方々に今も大きな心の痛みを残している昨年一月十七日の阪神・淡路大震災のことを考えまして、例年のように型通りの新年の祝辞を述べることは遠慮いたします。

地震を離れても、昨年一年のいろいろな出来事は、世の中の動きがときには予想を超えた大きな幅で我々の社会を揺り動かすことを教えました。人間も社会も自然も年とともに様々な変化のうねりや揺れを経験して行くことは、大海を進む船にもたとえられることでありましょう。年の始めは、これまでの経験を踏まえ、明るい未来へ向けての思いを込めた展望をもつ節目であります。皆様は、それぞれに思いをめぐらせておられることと存じますが、私としては、まず、この平成八年が皆様方にとって平穏でよい年であることを心から祈念していることを申し上げたいと存じます。

大学は、毎年多くの若者を迎え、また多くの人々が学業を終えて巣立って行くことを考えても、不断の動きを続けている組織であります。近年、日本社会の発展の方向が不透明になって、二十一世紀の展望を拓く創造的な人物の養成、各種の課題の解決をもたらす独創的な研究の発展に貢献できるよう、大学の脱皮を求める声が大学内外で強くなっています。最近、永年の大学改革の論議が実現に向い、また、同じく永年の施設設備の改善への要望が認められて、物心両面で改革を具体化することができるようになったことも、このような社会の大学への期待が大きい支えとなっています。我々の大阪大学では、平成五年に全部局の吹田、豊中両キャンパスへの結集を果たし、また平成六年からは、永年の改革の集大成として、新カリキュラムに基づく共通教育の発足が実現するとともに幾つかの新部局創設を含む組織の改革が緒につきました。施設の改善も不十分ながら軌道に乗りつつあって、平成七年には、幾つかの新しい建物が完成したことは皆様の目に触れたことでありましょう。本年に予定されている動きとしては、平成五年度に医学部保健学科へ転換した医療技術短期大学部が本年三月に最後の卒業生を送りだしてその歴史を閉じることをとくに述べたいと思います。その他多くの部局での改革が政府予算案で認められています。

多くのことが進行の途上にあり、また、すべての希望が盛り込まれているわけでもありませんが、大阪大学が社会の期待に応えることができるよう着実に明るい方向へ進んでいることは、何よりも皆様方のそれぞれの持ち場でのご努力が結集された結果であります。今後そのご努力が結実して、平成七年の混迷が平成八年とさらにそれに続く明るい未来の出発点であることが確認される成果を上げることを祈念し、また、私もさらに気を引き締めて大阪大学の発展に微力を傾注することを申し上げてご挨拶を結びます。

新春を迎えて　平成九年

皆さん、新年おめでとうございます。

平成という年号もいよいよ九年目を迎え、一桁の終わりという節目の年となりました。皆さんもそれぞれに、ご家庭のことや職場のことを顧みて、感慨を新たにされていることと存じます。昨年まで、大阪大学は躍動ともいうべき変化の年月を経験してきました。今年も引き続き様々な新しい発展が期待されます。しかし、大阪大学が総合大学として二十一世紀に向けてさらに大きくはばたくには、既成の観念にとらわれない斬新な発想と様々なセクショナリズムを克服した協力が必須であります。今年を次の飛躍を含めた発展の年とするとともに協同連携による新しい調和の創造の年とすることによって、平成一桁を締めくくることにしましょう。

皆さんにとって、この平成九年が公私両面にわたって幸多い年であることを心から祈念いたします。また、私にとっては総長の任期の終わる年でもありますので、気を引き締め微力を傾注して責めを全うする所存であることを申し上げて新年のご挨拶を終わります。

第五章　適塾の遺産と学問のこれから

1　はじめに

私の話は西川先生のようにはっきりとした史実に基づいた話ではありません（編者注・西川俊作慶應義塾大学名誉教授による記念講演「適塾から慶応義塾へ」に続いて講演された）。その点をご理解いただきたいと思います。私は、ご紹介のように、自然科学者です。自然科学がどうやって日本で育ったか、その点で適塾が非常に大きな役割を果たしたことは紛れもない事実ですが、その前後のところをお話しします。それから学問のこれからという大それた題を付けましたので、時間があれば今後自然科学の性格がどう変わっていくかについて、私の考えを申し上げたいと思います。最初にお断りしておきますが、いろいろな史実については、梅溪先生（編著書に頼っているわけであります。それからご出席の芝先生（編者注・芝哲夫大阪大学名誉教授）の著書に頼っているわけであります。それに自然科学についての私の勝手な考えを付け加えます。

内容としましては、自然科学が日本でどう芽生えたかという話と、適塾、そして日本の自然科学について福沢諭吉の果たした大きな役割を申し上げて、次に明治以降から大阪大学の話に進めたいと思います。この大阪大学は大変恵まれていて、懐徳堂と適塾という大阪の誇る文化遺産の伝統を引き継ぐことができました。それから発展して大阪帝国大学が生まれたわけですが、その歴史が日本の自然科学の発展のなかでも非常に大きな役割を演じました。今後もその役割を続けていくことができるかどうかについては最後に触れたいと思います。

2　自然科学の芽ばえ

懐徳堂は、一七二四年に儒学の塾として出発しました。儒学と自然科学との関係について、エンサイクロペディア・ブリタニカの儒学の紹介から引用しますと、「中国人は宇宙は気まぐれでことを起こす神様や、悪魔でみちているとは考えなかった。自然には秩序が内在していると考えた」とあります。この点は、一神教の世界とは出発点が違っていたといえると思います。

ただ問題は、自然の秩序の研究が最大の関心事でもなく、また、人間に関することと分離していなかったことにあります。自然哲学と呼べる自然についての思索、たとえば陰陽五行説などがありますが、科学という域には達してなかったわけです。一方で、もう一つの障害は、聖人君子を崇め、先人の説を重んじる、それが礼儀だという慣習が強かったために、陰陽五行説なり何なりから、本当の自然科学へ踏み込めなかったことが挙げられます。

儒学の学問所である懐徳堂は、初期のころは自然への無関心という伝統をひきずっていましたが、最盛期をつくった中井竹山と、その弟の履軒は、一つには先人の説にはとらわれず自由な思考を発展させたという大きな功績があります。さらに中井履軒はとくに自然の秩序あるいは自然の理は人間の理と別のものだと分離していました。竹山も同様な認識をもっていました。この二つの点で懐徳堂は日本の自然科学の出発に大きな役割を果たしました。

懐徳堂の周辺には大変多くの天才異才が集まっていました。富永仲基、上田秋成、山片蟠桃など、幾つかの名前を挙げることができます。富永仲基は竹山、履軒より少し先輩、秋成は同時代の人、山片蟠桃は弟子の世代です。こういう人たちは自然科学者ではありませんが、自由な思考を発展させました。大変興味深い話がたくさんありますが時間が無いので深入りしません。しかし、権威について挑戦するという考えがこれらの人によって発展させられたといえると思います。上田秋成は幽霊とか妖怪が好きだったという点では他の人と違っておりますが、一方では本居宣長が日本は神国だというようなことを言ったのに対して、秋成は日本だってよその国と別に変わらないというようなことをはっきり述べる常識を備えていた人物でした。

日本の自然科学の芽生えには、もう一人の思想家、九州の三浦梅園が大きな役割を果たしました。彼は自然には自然の条理、条理という言葉は木の葉っぱの葉脈のことらしいのですが、そういう筋道がちゃんとあるということを強調しました。彼は、自分の自然哲学を実証に基礎をおくようにしようと努めてはいましたが、彼自身は自然科学の研究には入っておりません。むしろ親友の麻田剛立の天文学に頼って、なんとか自然哲学をまとめようと努力しました。この麻田剛立は三浦梅園のこの思想に大きい影響を受けて自然の研究に取り組んだのではないかと思われます。麻田剛立は豊後杵築藩のお医者さんをしていたのですが、それでは自分の好きな天文の観測に打ち込めないということで、脱藩して大坂に出て来て、中井竹山、履軒の世話になり、自由に天文学、医学を研究し、また教えました。

私は自然について知識を獲得する、興味をもつというだけでは自然科学ではないと思っております。その上に立って自然の法則を探求することで初めてニュートン以来の近代自然科学が出発したわけであります。そういう意味で麻田剛立はその点の自覚を十分に備えた人であったので、そこで自然科学が生まれたという印象をもっております。麻田剛立は実験とか、観測が研究の基礎であるということを自分の信条にしていて、お医者さんとしては人体や獣体の解剖を非常にたくさん行っております。ただ、論文あるいは著書をまとめることはしなかったということですが、人体解剖を中井履軒が記録した本が、今、大阪大学に残っております。麻田は毎晩天文観測を行って、ケプラーの第三法則、これは惑星の周期と太陽との距離との関係に関する法則ですが、それを発見したといわれています。これに関して著作があるわけではないのでどこまで本当かはわかりません。しかし、自然の法則の探求という研究方向を明らかに目指していたということがいえると思います。

麻田剛立を適塾の前に紹介したのは、彼が日本の自然科学について二つの流れの開祖といえるからです。一つは寛政の改暦と伊能忠敬への流れです。当時暦は平安時代の唐の暦が基本ですが、日食の日時があわないとかいろいろなことがあって、修正して使っていました。修正をするための知識を結局中国からの知識輸入に頼っていたのが、明が清に変わる混乱期でその情報が入らなくなって自前の改暦が必要になりました。また、徳川吉宗は西洋の知識で暦を作らなければいかんということも自覚していました。ところが幕府の天文方ではできないので、結局麻田剛立に依頼をしてきました。麻田剛立は老齢を理由に辞退し、二人の弟子、間重富と高橋至時を推薦して、この二人の弟子が改暦を行いました。この高橋至時に弟子入りしたのが伊能忠敬で、この伊能忠敬が天文観測と実地の測量で様々な工夫をしながら日本地図を完成しました。この業績は日本の自然科学として誇るにたる業績です。当時、日本の地図を作ることを幕府に申し出る外国の海軍がいて、しかしその裏には日本侵略の意図が潜んでいました。幕府はこの伊能忠敬の地図を示して、日本にこれほど素晴らしい地図を作る能力があることを認識させて撃退したという話も伝わっております。伊能忠敬までの発展は、日本の自然科学の歴史としては特筆すべき事跡だと思います。

ただ残念ながらこの流れはそれ以上の発展はありませんでした。麻田剛立から発したもう一つの流れは蘭学です。小石元俊という漢方医は、京都・大坂での蘭方医学の開祖ではあったのですが、オランダ語は読めなかったようで、江戸の蘭学者や中国の書物から学んで蘭方医学を始めました。この人が間重富と相談して、抜群の記憶力、理解力をもっていた橋本宗吉を見つけ出し間重富の財力で江戸で勉強させました。この人が短期間で蘭学を習得して大坂に戻り蘭学塾を始めましたが、単にオランダ語ができたというだけではなく、エレキテル（電気）についてかなり詳しく研究したようです。平賀源内がよくエレキテルで引用されますが、この橋本宗吉のエレキテルのほうがずっと学問らしい点があったようです。

橋本宗吉以後、いろいろな人が大坂京都で蘭学塾を開きました。その一人稲村三伯に学んだ中天游が適塾を始めた緒方洪庵の先生です。蘭学としては適塾が頂点を形成したというのは紛れもない事実であります。また、適塾は医学だけではなく自然科学、軍事学、工学、ポリテクニックにふさわしいいろいろな分野を勉強する塾として、多彩な人物を輩出しました。

3　適塾とその精神

自然科学の議論に入ります前に適塾の評価について、梅溪先生の本から引用しますと、当時の幕府の洋学輸入政策の中心であったことがある古賀茶渓が、緒方洪庵の死後書いた墓碑銘では、「洪庵の門徒の盛んなること一時敵なし、後生の業梢秀たるものに遇ひて之を問えば、君の門に出ざるはなく、その薫陶するところ殆んど天下に遍し」とあります。適塾の出身者は、日本全国で多彩な活動をしたことは、この当時から広く知られていました。古賀茶渓は自分は緒方洪庵にこのまま大坂で懐徳堂に倣った学校を起こすことがいいと思って、これを政府に進言したけれども取り上げられなかったという証言もしています。洪庵は、結局は江戸へ呼び出されて早く亡くなったわけです。適塾は学問輸入の窓口で、緒方洪庵は新しい知識をもって人を救い国家を安泰にするということを第一に考えておりました。麻田剛立のように深く原理を追求して独創的な研究をするということにはそれほど興味を示さなかったようです。

福沢諭吉を除いて適塾の門下生は医学、軍事学、工学を通じて、主として実践活動を展開する方向で活躍しました。究理学という言葉が西川先生のお話に出てまいりましたが、失礼はお許しいただきたいと思いますが適塾の学問は究理学というものにはふさわしくないのではないかと思っております。ただ洪庵の偉大さを、あらためて強調すると、一つは医師としての情熱と心意気です。除痘館を始めて天然痘予防に尽瘁したさい非常に多くの偏見とたたかう必要があったことは、今日いただいた適塾の雑誌に詳しく紹介されています。洪庵の偉大さのもう一つの面は偉大な教育者であったことです。多くのお弟子さんたちの存在がそれを証拠立てていることではありますが、洪庵の考え方は適塾にある福沢諭吉が書いた掛け軸の「適々あに風月のみならんや」から始まる漢詩がよく表しています。梅溪先生によりますと、適塾という名前は緒方洪庵の適々斎という号から出ています。これは己の適とするところを適とするという意味で、悠々自適につながるような印象をもつのですが、福沢諭吉は洪庵の「己の適とするところを適とする」というのは風月のことだけではないのだと詩に述べています。本当に自分のやりたいこと、自分が考えたこと、自分に適したことに専心して世の中の役に立つということを自分自身も標榜しておりましたし、塾生にそれを植え付けました。そのときに非常に自由闊達に考える、自分の適した方面をどんどんやりなさいということを奨励する雰囲気をつくったというところが非常に素晴らしいと思います。そのうえに時代の先覚者でもありました。これは蘭学の塾を主宰していたが次は英語の時代だということを洪庵自身が述べたことで立証されます。

4　福沢諭吉と自然科学

福沢諭吉は西洋科学の本格的な移植の先駆者であったといえます。福沢諭吉は漢学が大嫌いで、陰陽五行説をいつも痛烈に批判していました。西洋自然科学の合理性を高く評価して、物理学（彼は物理学という言葉を使っていますが、これは科学全般を含んでいる言葉だと思いますが）、これを教育の基本にすえようとした時期がありました。福沢諭吉教育論集の山住先生（編者注・山住正己東京都立大学名誉教授）の解説によると、「自然科学研究における合理的思考というのをどんなときにでも採用すべきである、そういう趣旨から自然科学をまず学ばなければいけない。」ということを彼は強調していました。科学を単なる技術的な知識としないで、合理的な精神、理を追い求めるというところが自然科学の精神であるということを理解していたという点で特筆すべきことではないかと思います。実際に近代の自然科学誕生の歴史を振り返ってみますと、コペルニクス、ガリレオ、デカルト、それからニュートンは自然科学の正しい認識に到達する前に、アリストテレスの自然哲学の権威とたたかう必要がありました。これが陰陽五行説に対応するものかもしれません。さらにキリスト教の権威との戦いもあります。聖書にBC五千年ちょっと前に人間が誕生したと解釈される文章があると、進化論はだめだという議論が今でもまだ出てきます。

福沢諭吉はそういうドグマとたたかうことで、自然科学が建設されたということを非常に正しく認識していました。福沢諭吉の著書には、儒学は神仏者流の虚誕妄説を拝して、幽霊とか妖怪とか、あの世とか地獄とか極楽とかを言わないのは大変結構なことで、その功績は少なからず、と一応認めています。しかし、「儒学は天然の真理原則を追求した知識のはたらきにあらざる学問である。そういう教育を受けた人は荒唐無稽な幽冥説に向かって淡白なるほどに、物理においても自ずから漠然たるの情あるがごとし」と言っています。これは大変いい指摘です。つまり知識の塊としては自然科学を認めますが、それがどういうことで生まれたかということを理解していないとすると、全く漠然とした感じでしか受け止めていないと言いたいのではないかと思います。福沢諭吉は先ほど西川先生のお話にも出ていましたが、訓蒙図解などの教科書まで書いて、物理学を解説しております。そこでも漢学者とか儒学者がいろいろ偉そうなことを言っているけど、何千年の間に雨がどうして降るかというような理屈も誰も考えなかった、西洋の自然科学はそれを考えているということを強調しています。明治の初期のこのような思想が、日本の自然科学の始まりをつくったと評価している次第です。

5　日本の自然科学の発展

明治維新の後、西洋の科学の輸入という時代が続きましたが、一九〇〇年ぐらいから日本の独自の発展というのが幾つか生まれています。このごろはノーベル賞をもらわないと世界に認められないという誤解もありますが、実際はノーベル賞クラスよりももっと大きいくらいの業績を幾つも挙げることができます。その例を幾つか挙げます。まず一九〇一年には、高峰譲吉のアドレナリンの結晶化が挙げられます。世界で最初にホルモンという物質を取り出した偉大な業績です。なお高峰は洪庵死後の適塾に学んでいます。一九〇七年には池田菊苗のうま味の原因物質グルタミン酸の発見があります。甘い、辛いという以外に、うま味という概念が一つの物質に凝縮されるということを証明した素晴らしい業績です。

自然科学では新しい概念をつくることが一番大きな業績ですが、その第一の例として挙げることができます。

それから一九一六年の本多光太郎のＫＳ磁石鋼を挙げます。適塾の門人に大島高任がいます。この人は、釜石鉱山があった岩手県盛岡の出身で、日本で初めて近代的な高炉をつくりました。日本は鉄の生産では世界的に非常に優れた先進国でありました。とくに足利時代は日本刀を中国へ大量に輸出して、日本の特産物として大いに名をはせていました。それは非常に良質の鋼をつくる技術を発展させていたからです。江戸の初期から近代的な鉄鋼産業が始まるまでは、日本の鉄鋼は世界でも最も値段が安くて、しかも良質だという評判がたっていました。江戸初期のオランダの商人が扱った輸出品目の中では鉄は大きな役割をしていました。鉄鋼業というのは化学的なプロセスで鉄鋼をつくるので、主として化学の人が主になって冶金学という分野が開かれました。本多光太郎は物理出身でいろいろな合金の物理的な性質を探求する物理冶金学を開拓し、その研究から新しい合金を発見しました。これはいわば日本の伝統を引き継いだ学問です。本多光太郎は一九一六年に永久磁石の材料としてまさに画期的なＫＳ鋼というものを発明しまして、初めて永久磁石材料の組織的な開発が軌道に乗りました。その後も永久磁石材料への日本人の寄与は続いていて、画期的な発明の半分以上は日本人の発明です。現在（編者注・二〇〇三年）でも世界最強の永久磁石は佐川眞人が一九八四年に発明した鉄ボロンネオジム磁石で世界を制覇しています。

それから最後に一九二〇年の高木貞治の数学の類体論の建設を引用します。類体論は難しい話で解説をしませんが、高木の思い出話がたいへん面白いので、当時日本の科学がこのあたりまできたという証拠としてお話します。高木が一九〇〇年前後にドイツへ留学するときに、先輩から留学先のフロベニウス教授は日本人を非常に低く見ている、彼がベルリン大学の理学部長の就任演説でドイツの科学は世界に冠たるものだ、世界中から勉強にやってくる、アメリカ人もやってくる、近頃は日本人まで来るようになった、そのうちサルもくるだろうと言ったという忠告を受けました。行ってみたらそれほどではなかったのですが、高木が、有名な数学者、ヒルベルトに会って自分の論文を見せたところ、彼は高木は学位が欲しいからもってきたと勘違いをした。自分としては、当時すでにドイツから学位をもらって喜ぶような時代は過ぎていた、だからそのまま論文をもって帰って来た。このような話が書いてあります。この時代にすでに独創的な科学というところまで到達していたということがいえると思います。近頃何人かノーベル賞を受賞して少し変わってきましたが、以前は日本の科学は遅れているということをすぐに言いたがる人がいました。決してそんなものではなく、立派な伝統が一九二〇年までに築かれていました。これは適塾以来の努力の集積であります。

このころから独創的な研究を目指さなければならないという声が大きくなり、一九一七年理化学研究所が創設されました。その機運の延長線上に一九三一年の大阪帝国大学の誕生がありました。日本政府は西洋の学問の輸入のために帝国大学というシステムをつくりまして、東京に始まり京都、東北、九州、北海道と帝国大学をつくって行きました。それがだんだんと独創的な自然科学のほうに展開していったわけです。その頃、大阪府に医学校としては非常に高い水準にあった大阪医科大学が存在したことは紛れもない事実ですが、帝国大学がありませんでした。そのときの大阪府知事の上申書には、当時は大阪は工業の中心であるが永遠の進歩を策するためには基礎的な純正理化学の力にまたざるべからず、それがないのは一大欠陥であるから、ぜひ理学部をつくれという大変いいことが書いてあります。これが功をそうして大阪帝国大学が誕生したわけです。この大阪帝国大学が懐徳堂を第一、適塾を第二とすると大阪の自然科学の伝統の第三番目です。その内容を幾つかの例を通じて紹介します。第一は湯川先生（編者注・湯川秀樹）での中間子論です。この背景にはそれまで理化学研究所でしか行われていなかった原子核物理学の実験的研究が大阪帝国大学理学部の菊池研究室（編者注・菊池正士）で始まったことがあります。呼応した理論研究が湯川先生の中間子論ですが、この研究が行われたのは大阪帝国大学であって、京都大学ではないということを強調しておきます。この研究は原子核を作る力は新しい粒子（中間子）が媒介するという新しい概念を物理学にもたらしたという意味で画期的な研究であります。なお、戦後の原子力、原子核物理学の発展を支えた人材の多くは大阪大学で学び、あるいは研究生活を送った人たちであったことも述べておきたい事実です。次に原子・分子の世界と現実の金属や絶縁体の各種物質とを結びつける物性学という分野が、仁田先生（編者注・仁田勇）での努力で大阪から始まりました。これには私の師匠の永宮先生（編者注・永宮健夫）でも開拓者の一人として挙げることができます。一方新しい生物学も大阪で始まりました。私の学生の頃は、やはり動物、植物と分かれているのが生物学だとは思っていました。それが細胞の生理と生体物質の化学に生物学が変容したのは、我が国では大阪大学の理学部の生物学科と同じく蛋白質研究所の創設が大きなきっかけでした。もう一つ大阪が作った新しい波は産学協同であります。長岡半太郎先生が理学部物理学科を作ったとき、理学と工学の融合を最初から標榜されておりました。さらに、産業との結びつきを目指して産業科学研究所が生まれ、産学協同という概念は戦前からすでに始まっていました。残念ながら戦後企業人の目は外国の知識の輸入に向き、それから我々大学人のほうもいわば学問の国際交流のほうに主力を注いだということがあり産学がやや分離したために、現在また産学協同がやかましく言われるようになったと思われます。本当の意味の産学協同の芽が一九三〇年代にすでに生まれていました。

6　学問のこれから

あまり時間がありませんので端折って申し上げますが、自然科学が最初は自然の法則の探求から始まりましたが、工学、テクノロジーの発展に伴い人間が相手をする自然も、必ずしも天体とか地球だけではないわけで、人間の手で作り出したものというものも自然科学の対象になりました。その意味では近代科学にとっては自然科学と工学は完全に融合した形で展開していかなければならないし、その区別も実際にはないわけです。このような新しい意味での近代科学の芽は大阪帝国大学で生まれたことを強調しておきたいと思います。もちろん私を含めて昔はやはり理学部と工学部というのは少し離れたところがありまして、お互いに悪口を言っていたという面もないとはいえません。しかし、大阪大学にはその後基礎工学部が生まれ、理学と工学には心情的にも全く境目がなくなりました。また、テクノロジーからのフィードバック、あるいは逆に基礎からのテクノロジーへと絶えず新しい知見が循環しないと新しい発展が生まれないと思っております。この意味での近代科学は二十世紀の後半近くになってだんだん自覚されだしたのではないかと思います。大阪の伝統というのは自由闊達であるということであって、適塾の洪庵の教育というのもまさにそれが信条であったのではないかと思います。そういう意味で学問に垣根をつくるというのは適塾の精神にもとるものであると思っております。宮川康子さんが『自由学問都市大坂』という本をお書きになって、十八、十九世紀の事情は非常によく解説されております。それにこの二十世紀の大阪帝国大学の誕生が続きますが、大阪の二十一世紀の発展としては、新しい学問の創造がなければ、この三世紀の伝統を引き継ぐことはできないのではないかと思っております。

学問のこれからという題を付けてしまったので、たいへんおこがましいですが、どういうことを考えなければいけないかということを最後に付け加えて講演を終わりたいと思います。日本の科学への一般的な批判の一つはセクショナリズムであります。これは確かに痛感します。私も物理学科を卒業しましたが、アメリカのシカゴ大学で勤めていたときは化学教室にいまして、それから日本では化学の先生である坪村名誉教授（編者注・坪村宏）では物理教室のマリケンの研究室でした。アメリカでは研究に応じて化学と物理はミックスしていますが、日本へ帰ってくるとおまえは物理だ、あっちは化学だというようなところがあります。これはやはり西洋科学の輸入の弊害で、教科書で学んだ区分をいまだに後生大事に抱えているところがあります。しかし、自然科学の中ではだいぶ改善されてきましたが、人文社会科学と自然科学との間には依然として深い溝があります。私は今（編者注・二〇〇三年）で国際高等研究所で法律や文学の先生とたいへん楽しくいろいろなことをやっています。共同作業の一つの題目としては知的財産の問題があります。知的財産と知的所有権は区別して考える必要があります。所有権は特許とか、何とか自分のものにしようという意味が入っていますが、その前に自然科学でも人文科学でも研究活動からオリジナルな知識、すなわち知的財産が生まれますが、その知的財産の認識の程度が日本では非常に浅いし、分野で違いがあります。その上所有権が問題となると、特許の取り方も維持方法もよくわからない。これから大変だということで知的財産の基本法ができ、大学にもこれから科学技術の知的財産に関する学科や学部が生まれようとしています。ここでもセクショナリズムがかなり影響していて、社会科学と自然科学の先生の対話がなかなか難しいようです。知的財産にも関係しますが、より広範な問題として、科学技術の新しい進歩が生む倫理あるいは社会のルールへの新しい問題提起があります。二十一世紀は、分野にとらわれず何にでも取り組む適塾の精神を受け継いでいかなければならないと思っております。

日本の科学を取り巻く社会環境としては、社会が自然科学の肝心のところが本当はわかっていないのではないかと思われる風潮があります。なにごとも欧米に追随あるいは比較しないとおさまらないという価値判断です。このことは一般社会に限らず、自然科学者にも非難されるべき点があります。妙な例を申し上げますが当たっているかどうかご批判をいただきたいと思います。この間、英国大使館で物性学の研究者に授与される賞の授与式がありました。フラーレンという六十個の炭素原子がサッカーボールの縫目に並んだ分子を発見してノーベル化学賞をもらったクロトが講演しましたが、そのような分子が存在するだろうということは日本の大澤映二さんという人が、彼の発見よりも十年も前にすでに予言していました。ただ、英語の論文にしなかったためにノーベル賞の対象にならなかったのです。クロトは、日本語の論文を示して、自分より先にこういうことが言われていたとたいへんフェアーに紹介しました。それはそれでいいのですが、大澤さんの功績は後からでもいいから日本で表彰するべきではないかと考えました。日本の学者や行政の学問の価値判断の基準が学問そのものではなく外国で認められることに重点があるように思われます。本当に価値のある学問、それをまた発掘しないのは自然科学者の責任ではあります。私もこのごろ評価に追い使われていますから自戒をしているわけです。

日本の大学のシステムは部局のもとに学科や専攻があり、その下に講座があるという上下関係を基本にしています。このごろだいぶそれが乱れてきて、部局を超えた交流が始まりました。たいへんいい傾向ですが、やはり大事なのは上下関係で貫かれたシステムだと思い込んでいるところがあります。これをもっとネットワーク的なシステムにして、お互いの知的財産を尊重しつつ自由に相互利用できる知的財産の集積場を形成する必要があります。大阪大学は、適塾の精神を受け継いで自由闊達な新しい学問の創造に取り組むことが二十一世紀の課題であると結論して、講演を終わらせていただきます。どうもご清聴ありがとうございました。

第六章　金森順次郎先生逝く——作文上の美学を追究するなかれ

第十七代大阪大学総長
平野俊夫

金森順次郎先生は、平成三年八月に本学第十三代の総長に就任され、六年間総長を務められた。この六年はまさしく大学改革の激動期に当たり、今の大学の根幹をなす制度や枠組みを構築された。平成九年にご退官後も毎年の名誉教授会やホームカミングデイなど、大学の大きな行事には必ずといっていいほどご出席いただいた。

私が先生に初めてお会いしたのは一九九一年に開催された天王寺高校関係者による総長就任祝賀会の席だ。当時、私は医学部の教授に就任してまだ二年という駆け出しの教授だった。先生が旧制天王寺中学出身ということで、当時の工学部長で、今は亡き松田治和先生の呼びかけで天王寺中学／高校出身の大阪大学教授が七十名ほど集まり先生の総長就任祝賀会が開催された。それ以降先生には何かにつけてご指導いただいた。一九九四年の日本で初めてのＣＯＥプログラム応募に当たって、総長としての先生から直接ご指導をいただいた。我々の医学部の応募案件は、生命科学分野で全国で三件採択されたうちの一つに見事採択された。また一九九七年に大阪科学賞を先生から直々にいただいたことは、一生涯忘れる事ができない思い出だ。その後も幾度となくお会いするたび温かい眼差しで励ましていただいた。先生は趣味でプロ顔負けの金森農園を営まれており、先生お手製のブルーベリージャムは言葉には言い表せない深い味わいで、先生の緻密で、かつ大らかなお人柄が沸々とにじみ出ていた。「平野さん、レモンを少し加えるところが味噌なんだ」と考え深げに語っておられたことが昨日の事のように思い出される。

その先生から、昨年、一度阪大病院で検査してもらえないかとのお電話があった。入院中に何度か病室をお訪ねして、昨今の大学運営のことや総長の仕事のことなどお話しさせていただいた。そのたびに総長職がいかに激務で多忙かをよくご承知の先生から、「そんなに私のところに顔を出さなくていいよ。大変な仕事をこなしているのだから」とねぎらいと思いやりの言葉を掛けていただいた。今考えると、もっといろいろお話ししておけばよかった、もっと人生のことも教わっておけばと、痛惜の念に駆られる。まだまだこれからご活躍が望まれていただけに、大阪大学にとっても大変残念である。

先生は、昭和五年三月に大阪市にお生まれになり、天王寺師範学校附属小学校を経て、旧制天王寺中学校に入学された。天王寺中学はのちに府立天王寺高校となったので、私にとり先生は総長としてだけでなく高校の大先輩にも当たる。先生はその後、大阪大学の前身である旧制大阪高等学校に進まれた。大学で物理の道を志されたのも、幼少のころから自然科学に強い興味をもっておられ、高校の頃に湯川秀樹博士の影響や担任の先生の勧めもあって、当時日本の量子物理の中心であった大阪大学理学部物理学科を目指すことにされたが、同時に、戦後の学制改革で旧制高校の最後の世代となった。

大阪大学は、昭和六年に理学部と医学部からなる帝国大学として創設された。初代の長岡半太郎総長が発足に当たり、全国から若き俊英教授を集められ、中でも理学部の量子物理学の分野は、当時日本における研究の中心であった。先生は三十五歳の若さで教授に昇任され、理論物理学の一分野である物性理論の世界的なリーダーの一人として、個体の諸性質の出現機構を量子力学、統計力学を基礎にして理論的に解明し、新しい性質を予言する研究で卓抜した研究業績を上げられ日本学士院賞や藤原賞等数々の賞を受賞された。二〇〇四年には瑞宝大綬章を綬章されている。一方で、大学の管理運営面においても非凡な行政手腕とマネジメント能力ももち合わされておられた。当時の釜洞総長がそれを見抜かれ、四十一歳で先生を学生部長に指名された。当時はどこの大学も紛争の真っただ中で、大阪大学も寮問題で学生と衝突していた。そんな中で最前線に立たれ、日夜過激派学生と辛抱強く話し合いをもたれ、見事に解決に導かれた事も、先生の人間としての大きな器、お人柄によるところがあったからこそだと思う。

先生は、理学部長をはじめ、学生生活委員、改革準備調査委員、入試委員などハードな役職を数多く務められるなど、大学の管理運営に大きなご尽力をされた。理学部長在任中は宇宙・地球科学専攻の創設等の学部の充実拡大を果たされ、総長就任後は大学改革に着手され、大学院重点化、学部組織をもたない独立研究科の新設、研究所・センターの改組、社会人教育の実施、副学長制度の導入を始めとする、今ある組織や制度の土台を築かれた。

また、先生は大阪大学の原点である適塾に関しても並々ならぬ熱意をおもちだった。大阪天満の龍海寺というところに代々の緒方家の墓があるが、緒方洪庵の師にあたる中天游という先生の墓もこのお寺にある。緒方洪庵の墓碑が毅然としてそびえたっているのに対し、師の墓は墓地の片隅でしかも戦火と老朽化で見る影もない状態であった。さらに平成七年の阪神・淡路大震災で崩壊寸前の状態になった。先生は、この話を緒方家の方と名誉教授の先生からお聞きになり、早速現状を視察され、すぐに修復のための「中天游先生墓碑顕彰整備事業」募金活動を計画された。約七百名の篤志の方から三七〇万円のご寄附をいただき、無事墓碑の修復を済ませられた。

このように大学行政に全身全霊で打ち込まれた先生は、偉大な総長として名を残された。のちに「大学運営に関わったことは運命であったとしか思えない。貴重な体験で後悔はない」と、先生は述懐されている。また「大学運営において作文上だけの美学を追求する事だけは戒めなければならない」、「美は乱調にあり」という大学運営に関わる者にとっては大変含蓄のある言葉を残されている。多くの門弟を育成される一方で、大学の運営と今日の発展に大きな足跡を残された先生に深甚なる敬意を表するとともに、心からお礼を申し上げたい。

先生の大阪大学への思いを全身でしっかりと受け止めるとともに、先生の教えを守り、二〇三一年に大阪大学が創立百周年を迎える時には、大阪大学が研究型総合大学として世界トップ一〇の大学として輝いているという夢に向かって大阪大学教職員一同がもてるすべての知と力を結集して邁進していかなければならない。先生の残された大いなる遺産を受け継ぎ、大阪大学は未来に向かって前進して行く事を先生に誓いたい。

先生のご冥福を心より祈ります。

前大阪大学総長金森順次郎博士功績調書

金森順次郎博士は、昭和二十八年三月大阪大学理学部物理学科（旧制）を卒業後、大阪大学理学部雇、助手、講師を経て、昭和四十年五月同教授に昇任し、平成三年八月まで量子物理学第二講座を担当した。この間、昭和三十二年三月大阪大学から理学博士の学位を授与され、昭和四十七年四月から一年間大阪大学学生部長、昭和五十六年四月から四年間と平成元年四月から二年四カ月余りの間大阪大学理学部長を歴任した。また、国内外の多数の大学において客員教授、併任教授、非常勤講師等を勤めた。平成三年八月大阪大学総長に昇任し、二期六年間の任期を満了して平成九年八月に退官した。

金森博士は、理論物理学の一分野である物性理論の世界的な指導者の一人であって、固体の諸性質の出現機構を量子力学、統計力学を基礎にして理論的に解明し、さらに新しい性質を予言する研究で多くの卓抜した業績を上げた。また、長年にわたって熱心に後進を指導し、多数の優れた研究者を育成した。同博士は、その研究生活の初期においては、絶縁体である遷移金属化合物を研究対象とし、磁気的性質および結晶の自発変形について多くの先駆的業績を上げた。その内でとくによく知られているのは、結晶中の磁性イオン間の相互作用が、磁気モーメントを平行に揃えるか、反平行とするかを決定するGoodenough－金森則である。また、電子の軌道角運動量と磁性および結晶歪みの関係について独創的な理論を展開し、鉄、コバルト2価イオン化合物の特異な性質を解明した。これらの業績により三十歳の若さで磁気学の総括を意図して刊行された総合報告集「Magnetism」（Academic Press）において磁気異方性および磁歪についての執筆者に選ばれている。その他、結晶の自発変形の有力な機構である協力的ヤーン・テラー効果の理論の創始者としても著名である。その後、博士は研究対象を遷移金属・合金に広げ、磁気的性質を中心に広範囲の研究を推進した。その発端は、多重散乱理論を遷移金属中の電子に適用して金属強磁性の起源を論じた研究であって、電子運動の相関の重要性を定量的に示す世界最初の理論として広く引用されている。次に、各種の遷移金属強磁性合金について、その磁化の組成依存性の機構を電子状態に基づいて定量的かつ一般的に解明し、長年謎とされていたSlater–Pauling曲線群と呼ばれる平均電子数と磁化の関係の問題を一挙に解決した。また、博士は典型元素の金属強磁性に及ぼす影響を考察し、最近の強磁性材料の開発に大きく寄与する一般的な理論を与えた。さらに、博士は電子構造の第一原理に基づく計算の重要性を早い時期から認識し、遷移金属中の不純物原子および合金の電子状態について、計算方法の開発から具体的応用に至るまでの研究を展開し定量的に信頼できる計算法を確立した。同時に強磁性遷移金属中の不純物原子核の超微細内部磁場と核スピン緩和時間について、その規則的な原子番号依存性および温度変化について一般的な理論を建設した。その他、博士は「不等式の方法」と呼ばれる格子ガス・イジング模型の基底状態を決定する一般論を創始し、それを合金の規則構造、表面吸着子構造、半導体表面の原子構造再構築等の問題に適用することにより多彩な現象を解明した。博士の研究は、常に個々の物質の性質の発現機構を定量的に解明するとともに、広範囲の物質に適用される一般理論も同時に発展させる世界的にもユニークな内容である。博士は、これらの研究によって、昭和三十七年大阪大学磁気理論グループの一員として朝日賞、昭和五十年山路ふみ子自然科学奨学賞、平成八年日本学士院賞を受賞した。

博士の国際活動は、昭和三十三年八月から二年間米国シカゴ大学金属研究所研究員、昭和三十九年一月から一年間フランスパリ大学客員教授、昭和四十六年一月から七カ月米国カリフォルニア大学ロスアンジェルス校客員教授、二十数回に上る各種の国際会議での招待講演、昭和六十一年から三年間にわたる日本学術振興会とフランスCNRSの日仏共同研究およびセミナーの日本側代表者、平成二年から二年間の山田科学振興財団の援助による日独協同研究の代表者、昭和五十年から六年間国際純粋応用物理連合（IUPAP）磁気委員会日本代表委員等の広範囲に及んでいる。また、IUPAPの主要国際会議の一つである磁気国際会議の一九八二年日本開催を招致する責任者となり、日本学術会議同国際会議委員会委員長として運営に当たった。さらに、特定の研究題目について詳細な討論を行う会議として世界的に著名な谷口国際シンポジウムの理論物性学部門の創設に尽力し、故久保亮五博士と共同で同部門の責任者として全般的な運営に当たるとともに、昭和五十二年第一回および昭和六十二年第十回シンポジウムを自ら組織した。その他、平成八年第五回Physics of Transition Metals国際会議委員長を始め、国内外で開催された多くの国際会議で組織委員等としてその運営に参画した。

博士が長年にわたり、Solid State Communications（固体科学の国際研究速報誌）、Journal of Magnetism & Magnetic Materials（磁気学の国際研究論文誌）Advances in Physics（物性物理学の国際総合論文誌）それぞれの論文の掲載決定権をもつ副編集者として、日本・アジア地域の研究者の投稿の窓口となり、論文の質の向上に尽力した功績も特筆するべきことであって、博士がこの分野での日本の代表者と認識されていた例証の一つである。

博士は、学外でも長年にわたり、東京大学物性研究所および京都大学基礎物理学研究所の各種委員、日本学術会議物理学研究連絡委員会委員、学術審議会専門委員、日本学術振興会の各種委員を務め、総長就任後は大学設置審議会委員、ユネスコ国内委員会委員、各種大学共同利用機関等の評議員、国立大学協会第一常置委員会委員長、大学基準協会副会長として我が国の学術、教育振興に大きく貢献した。

学内においては、教授、学部長、総長として大学行政に大きな功績を遺した。昭和四十年代の大学紛争期には、学生生活委員会委員、奨学委員会委員長、改革準備調査委員会副委員長、学生部長を歴任して学内正常化に尽力し、その後も入試、図書委員等として大学運営に貢献した。理学部長在任中は宇宙・地球科学科の創設等の学部発展を実現させる一方、昭和五十九年の全学に関わる汚職事件に関連して綱紀粛正委員会委員長として適切な方策の策定に貢献した。平成三年総長就任後は、直ちに大学改革と教育・研究振興の基本方針の策定に着手し、一貫した方針のもとで広範囲な改革を推進した。在任中に実現された、あるいは緒に就いた改組拡充はほとんど全部局に及び、創設された新部局も五指に余る。大学運営についても、副学長制度の導入を始めとする多くの新制度の創設と合理的方策の実行に尽力するとともに、財団法人大阪大学後援会を強化充実することにも力を注ぐなど、大学の管理・運営と充実・発展に寄与した功績は誠に大きなものがある。

（編者注・本功績調書は総長選任直後の一九九七年に作成された。）

金森順次郎大阪大学第十三代総長略歴

略歴

一九三〇年三月　大阪市に生まれる
一九四八年三月　大阪府立天王寺高等学校卒業
一九五三年三月　大阪大学理学部物理学科卒業
一九五四年四月　大阪大学大学院退学
一九五四年五月　大阪大学理学部雇
一九五七年三月　理学博士（大阪大学）
一九五七年四月　大阪大学理学部助手
一九五八年六月　大阪大学理学部講師
一九六五年五月　大阪大学理学部教授
一九七二年四月　大阪大学学生部長（併任、一九七三年三月まで）
一九八一年四月　大阪大学理学部長・評議員（併任、一九八五年四月まで）
一九八九年四月　大阪大学理学部長・評議員（併任、一九九一年八月まで）

一九九一年八月　大阪大学総長（一九九七年八月まで）
大阪大学医療技術短期大学部学長（併任、一九九七年八月まで）
一九九七年八月　大阪大学退職
一九九七年九月　大阪大学名誉教授
一九九七年十月　国際高等研究所フェロー
一九九八年四月　国際高等研究所特別委員
二〇〇一年四月　国際高等研究所所長（二〇〇九年三月まで）
二〇一二年十一月　逝去（八十二歳）

受賞

一九六二年　朝日賞
一九七五年　山路自然科学奨励賞
一九九六年　日本学士院賞
一九九九年　本多記念賞
一九九九年　藤原賞

初出一覧

第一章　新・未知への群像
『科学新聞』一九九八年十一月二十日号〜一九九九年二月十九日号
ただし、本書収録に当たっては、左記のウェブサイトのものを底本とした。
https://web.archive.org/web/20071019173607/http://www.sci-news.co.jp/contents/kanamori/kana_frame.htm
（二〇一五年一月三十日参照）

第二章　物《もの》の理《り》を求めて六十年
『まぐね』第七巻第五号、日本応用磁気学会、二〇一二年

第三章　式辞・告辞
平成五年度卒業式式辞「己の適するところを適とする」『大阪大学学報』第四八二号、一九九四年
平成五年度大学院学位記授与式式辞　『大阪大学学報』第四八二号、一九九四年
平成六年度入学式告辞「受け身でない生活の構築を」『大阪大学学報』第四八三号、一九九四年
平成六年度卒業式式辞「混迷は希望を生む」『大阪大学学報』第四九四号、一九九五年

平成六年度大学院学位記授与式式辞　『大阪大学学報』第四九四号、一九九五年
平成七年度入学式告辞「大学生活で身につけること」『大阪大学学報』第四九五号、一九九五年
平成七年度卒業式式辞「二十一世紀への希望」『大阪大学学報』第五〇七号、一九九六年
平成七年度大学院学位記授与式式辞　『大阪大学学報』第五〇七号、一九九六年
平成八年度入学式告辞「大学とは」『大阪大学学報』第五〇八号、一九九六年
平成八年度卒業式式辞「大学生活の意義」『大阪大学学報』第五一九号、一九九七年
平成八年度大学院学位記授与式式辞　『大阪大学学報』第五一九号、一九九七年
平成九年度入学式告辞「大学で学ぶこと」『大阪大学学報』第五二〇号、一九九七年

第四章　新春を迎えて
平成六年　『大阪大学学報』第四八〇号、一九九四年
平成七年　『大阪大学学報』第四九二号、一九九五年
平成八年　『大阪大学学報』第五〇四号、一九九六年
平成九年　『大阪大学学報』第五一六号、一九九七年

第五章　適塾の遺産と学問のこれから
『適塾』第三六号、適塾記念会、二〇〇三年

第六章　第十三代総長金森順次郎先生逝く―作文上の美学を追究するなかれ
大阪大学ウェブサイト　http://www.osaka-u.ac.jp/ja/guide/president/speech/20130301_01
（二〇一五年一月三十日参照）

本書への掲載に当たっては、原則として初出のままとした。したがって、人名の肩書き等は初出当時のものである。ただし、必要により、「編者注」を追記した。また、編者の判断で表記等を変更したところがある。なお、「初出一覧」に掲載していない文章の出典は、略歴を除き、大阪大学本部事務機構所蔵法人文書である。略歴は、「人事記録」等をもとに編者が作成した。

あとがき

大阪大学アーカイブズでは、前身の文書館設置準備室時代から名誉教授に対するオーラル・ヒストリーを実施してきました。元総長に対しては、熊谷信昭第十二代総長へのオーラル・ヒストリーの記録を、大阪大学アーカイブズ編『大阪大学とともに歩んで　熊谷信昭第十二代総長回顧録』（大阪大学出版会、二〇一五年）として刊行しました。なお、初代～第十一代総長の事績については、大阪大学編『大阪大学歴代総長餘芳』（大阪大学出版会、二〇〇四年）にまとめられています。次は第十三代総長金森順次郎先生のオーラル・ヒストリーを行うべきところが、金森先生は二〇一二年に逝去されていたため、オーラル・ヒストリーを行うことが叶いませんでした。

そのようなときに、松本紀文氏（大阪大学卒業生室副室長）から、金森先生から生前に自伝の原稿を預かっていたという情報を得、原稿をご提供いただきました。調査したところ、この原稿は本書第一章に収録した『科学新聞』連載の「新・未知への群像」であることが判明しました。そこで、この自伝を中心に、金森先生が遺された研究や大学運営に関する文章を集めて一書とすることを企画しました。このことを金森先生のご長男・嘉夫様にお話ししたところ、出版をご快諾いただき、巻頭に掲載した写真をご提供いただきました。ありがとうございました。

本書に収録する原稿は編者が選定しましたが、初出原稿を掲載された各機関からは再録のご許可をいただきました。序文は、金森先生の愛弟子・赤井久純先生にご執筆いただきました。本書出版に当たっては、大阪大学出版会の岩谷美也子さんのお世話になりました。

このように多くの方のご助力を得て、金森先生の事績をとりまとめることができました。記してお礼申し上げます。

二〇一七年一月

編者を代表して

菅　真城

ま　行

や　行

ら　行

さ　行

た　行

な　行

は　行

人　名　索　引

あ　行

か　行

金森順次郎　第13代大阪大学総長回顧録

2017年3月7日　初版第1刷発行　［検印廃止］

編　　者　大阪大学アーカイブズ
　　　　　飯塚一幸
　　　　　菅　真城

発 行 所　大阪大学出版会
　　　　　代表者　三成賢次

　　　　　〒565-0871
　　　　　吹田市山田丘2-7
　　　　　大阪大学ウエストフロント
　　　　　TEL　06-6877-1614（直通）
　　　　　FAX　06-6877-1617
　　　　　URL：http://www.osaka-up.or.jp

印刷・製本　尼崎印刷株式会社

ISBN 978-4-87259-574-1 C3023